Written by Yasuo Baba
Illustration by Mayumi Takada
★★★★★
Design by Makoto Kuroda (Right Stuff)

アウトドア・スポーツ参加人口の推移

	1994年	2016年	
スキー	1860万人	330万人	82.3%減
サーフィン（ウィンドサーフィンを含む）	140万人	30万人	78.6%減
ゴルフ（コース）	1440万人	550万人	61.8%減
テニス	1380万人	570万人	58.7%減
オート・キャンプ	1459万人	830万人	43.1%減
釣り	1980万人	690万人	65.2%減

レジャー白書 2017 調べ（オート・キャンプは業界調べ）

リア充王

～写本・遊びの千夜一夜物語～

これは、みなさんもよくご存じの国の、どこのおうちにも必ずひとりいる王さまのお話です。

王さまの国の国民は、それはそれはのぼせやすい性格で、昔から、洋服と言わず食べ物と言わずお笑い芸人と言わず、ありとあらゆるものを流行にして、その流行が頂点に達すると飽きてポイッと捨てていたのですが、あるとき、未曾有の好景気が訪れると、国民はお金を使うことにのぼせ、スキー、ゴルフ、テニス、スクーバ・ダイビングといった金の

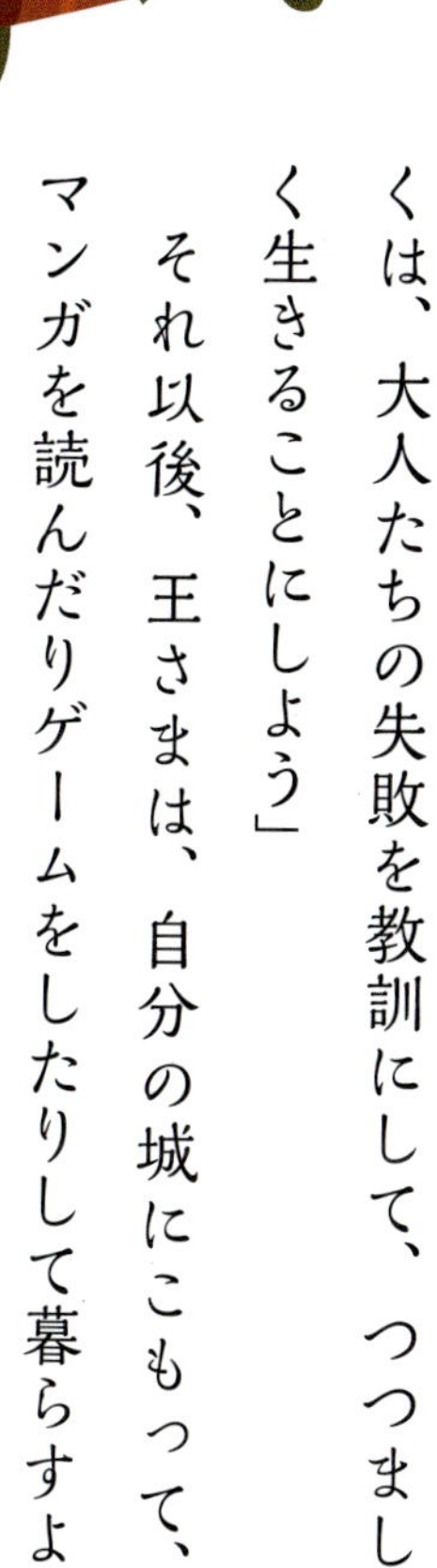

かかるスポーツを流行らせ、ブランド品を買い漁り、調子に乗って、ハワイのホテルやマンハッタンの高層ビルまで買ったりしていました。

そして、なんでもかんでも買いまくった挙げ句に、最後は神の怒りまで買い、好景気はたちまち泡と消え、国民は貧乏になってしまいました。その様子を見た若い王さまは、こう考えました。「無駄遣いは身を滅ぼす。ぼくは、大人たちの失敗を教訓にして、つつましく生きることにしよう」

それ以後、王さまは、自分の城にこもって、マンガを読んだりゲームをしたりして暮らすようになりました。

すると、王さまと同世代の若者も外出しなくなり、彼らに向けてオンライン・ゲームやネット通販、無料配信動画が次々に作られたものですから、若者は部屋から外に出なくても快適に暮らせるようになり、気がついたら王さまの国は、20代の1ヵ月の移動回数が70代のそれよりも少ない、という世界でも珍しい国になっていました。

おかげで、王さまの国の若者は、女性と出会う機会もなくなり、デートも結婚もせず、人口が右肩下がりに減ってゆきました。

それから、どれくらいの月日がたったでしょうか。

ある日、王さまがお城の中で退屈しのぎにスマホでメルカリを眺めていると、アラジンというハンドル・ネームの人が出品した、金色のランプが目に留まりました。王さまはすぐにそのランプを気に入り、買い求めました。

数日後、王さまのもとに、ヤマト運輸のらくらくメルカリ便で、金色のランプが届きました。ランプの回りに埃がついていたので、王さまがそれをこすって払おうとすると、中から突然、薄物1枚を身にまとった美しいランプの精・ジニーが飛び出し、こう言うではありませんか。

「3つの願いを叶えてさしあげます。何なりとお申しつけください」

あまりのことに、王さまは叫び声を上げてランプの前から3メートル飛びのき、息を切らせてこう言いました。

「ああ、驚いた！　驚き過ぎて、おまえが今何と言ったか聞こえなかった。もう一度、言ってくれ」

ジニーは答えました。

「3つの願いを叶えてさしあげます、と申し上げたのです。さて、2つめの願いは何でしょう？」

王さまは、「うむむ、うっかり、『もう一度言ってくれ』と頼んで、3

つの願いの１つを無駄遣いしてしまった。これはうかつなことは言えないぞ」と思いました。そして、慎重に考えてから、こう言いました。

「ぼくは、ゲームをやり尽くし、YouTubeの動画も見尽くし、ほかにやることがなくて、たいくつしている。このたいくつを何とかしてくれ」

するとジニーは、こう答えました。

「王さまがお城にこもっている間に、スキーやゴルフといったアウトドア・スポーツは、驚くほど変わっています。道具が便利になり、料金は安くなり、しかも参加人数が減ったせいで待たずにできるようになったのです。王さまは、スキーやゴルフなんて今どき流行らない、とお思いかもしれませんが、そういうスポーツを流行らせたり廃らせたりしているのは王さまの国だけで、ほかの国の人たちはずっと同じ調子でやりつづけています。これから私がお話しするアウトドア・スポーツの最新事情を知れば、王さまもやってみたくなり、たいくつはたちまち消え失せることでしょう」

そしてその夜、ランプの精・ジニーは、王さまの寝室のランプの火のもとで、静かに語り始めました。

Contents

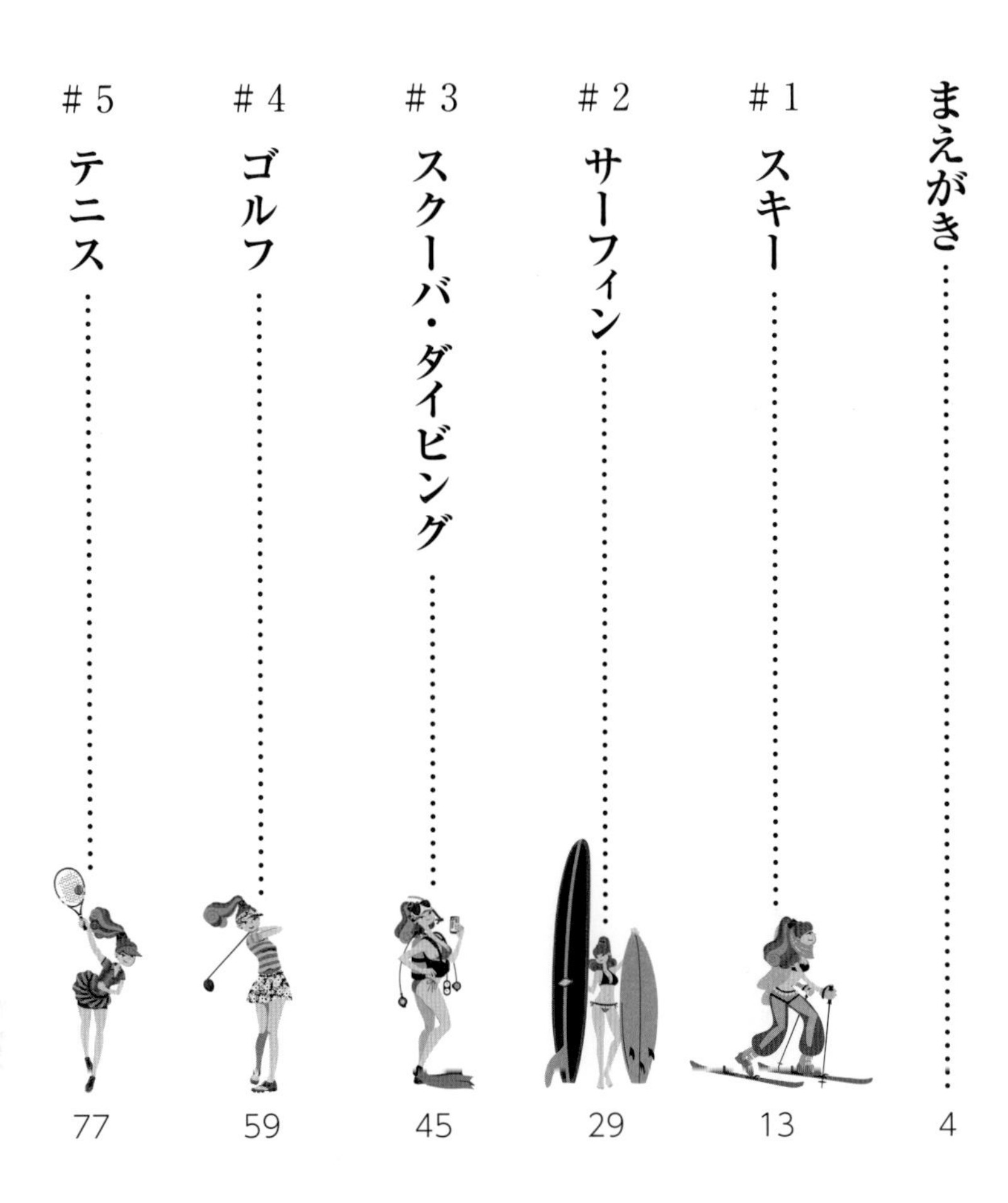

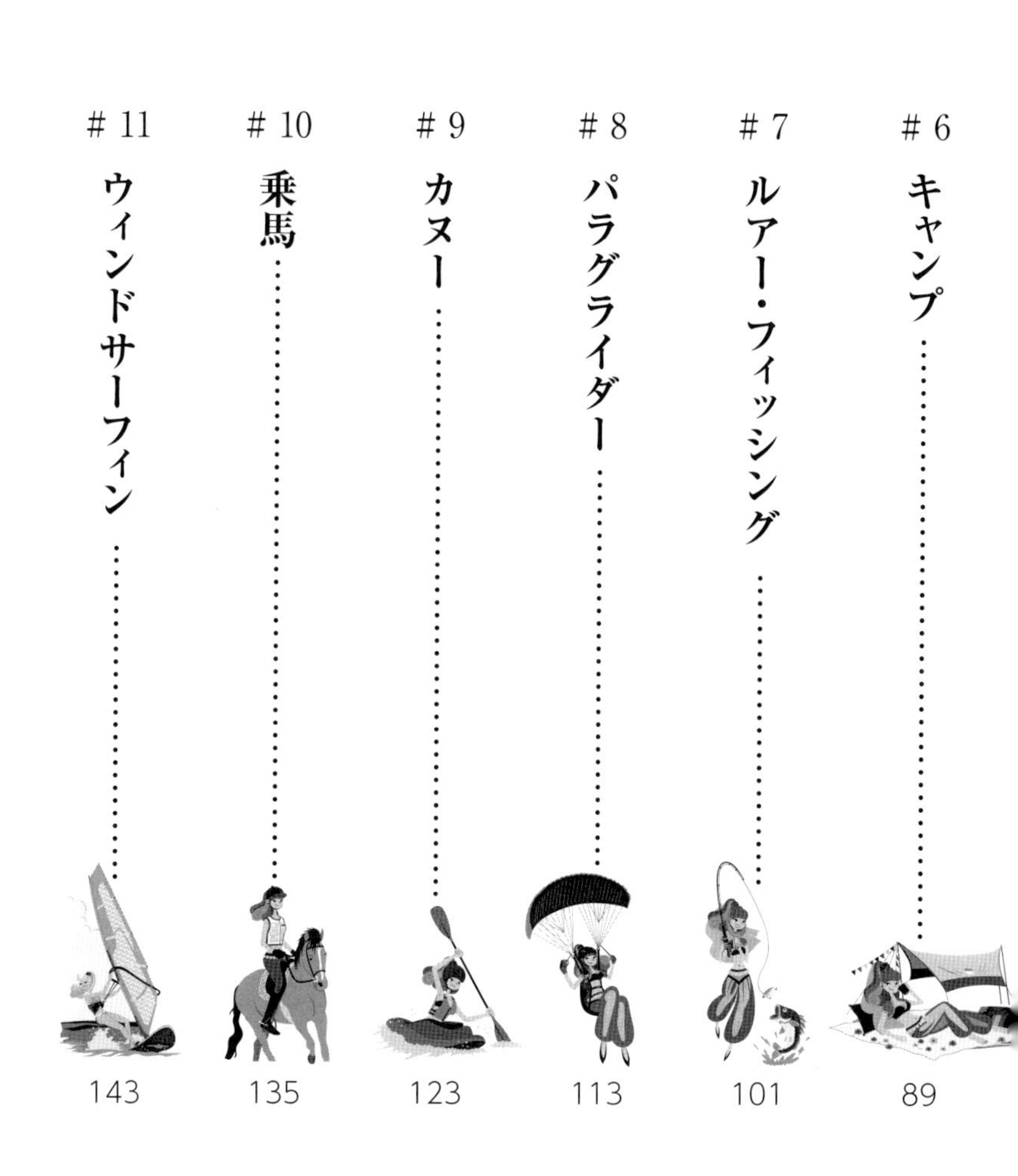

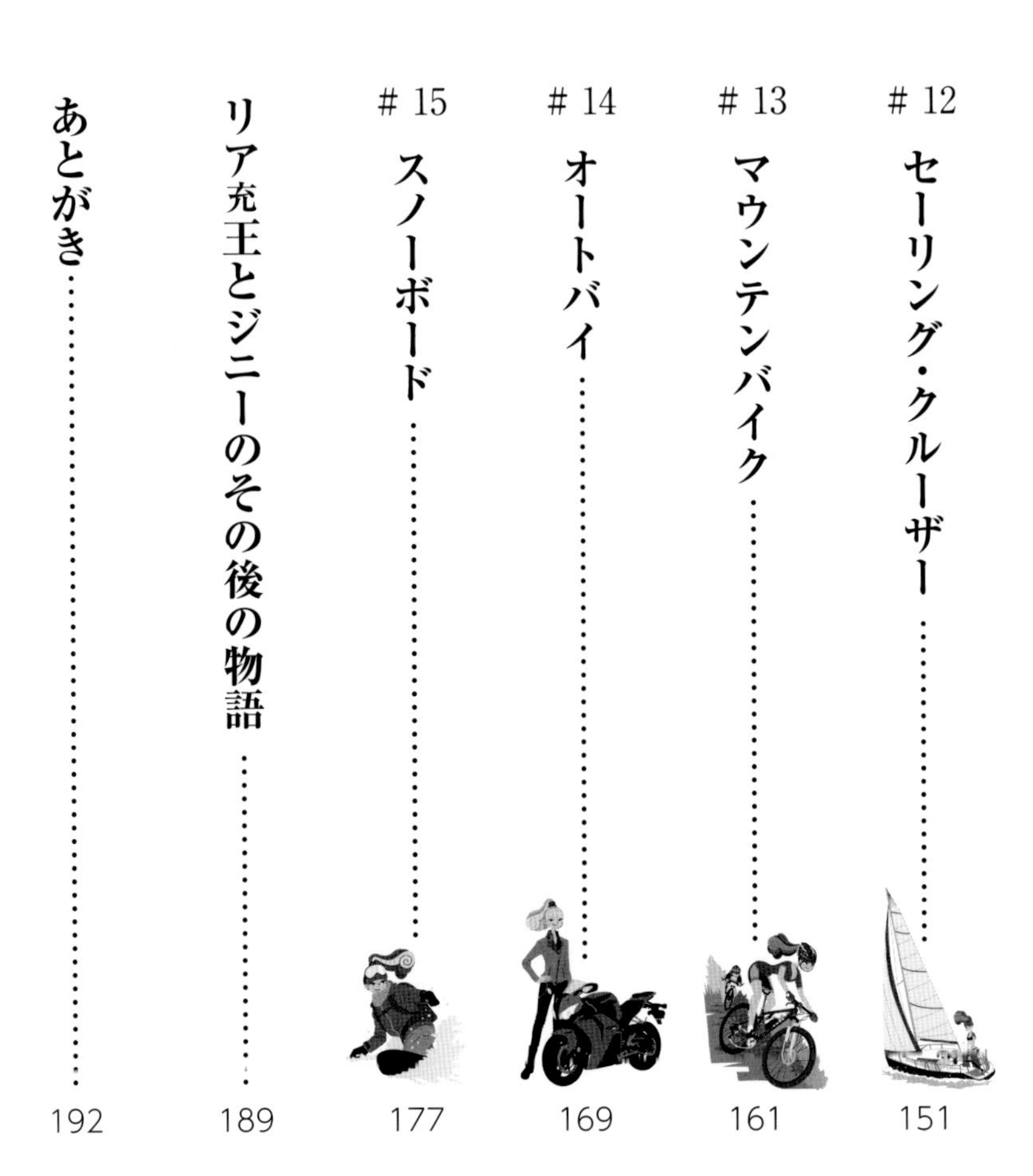

＃1 スキー

SKI

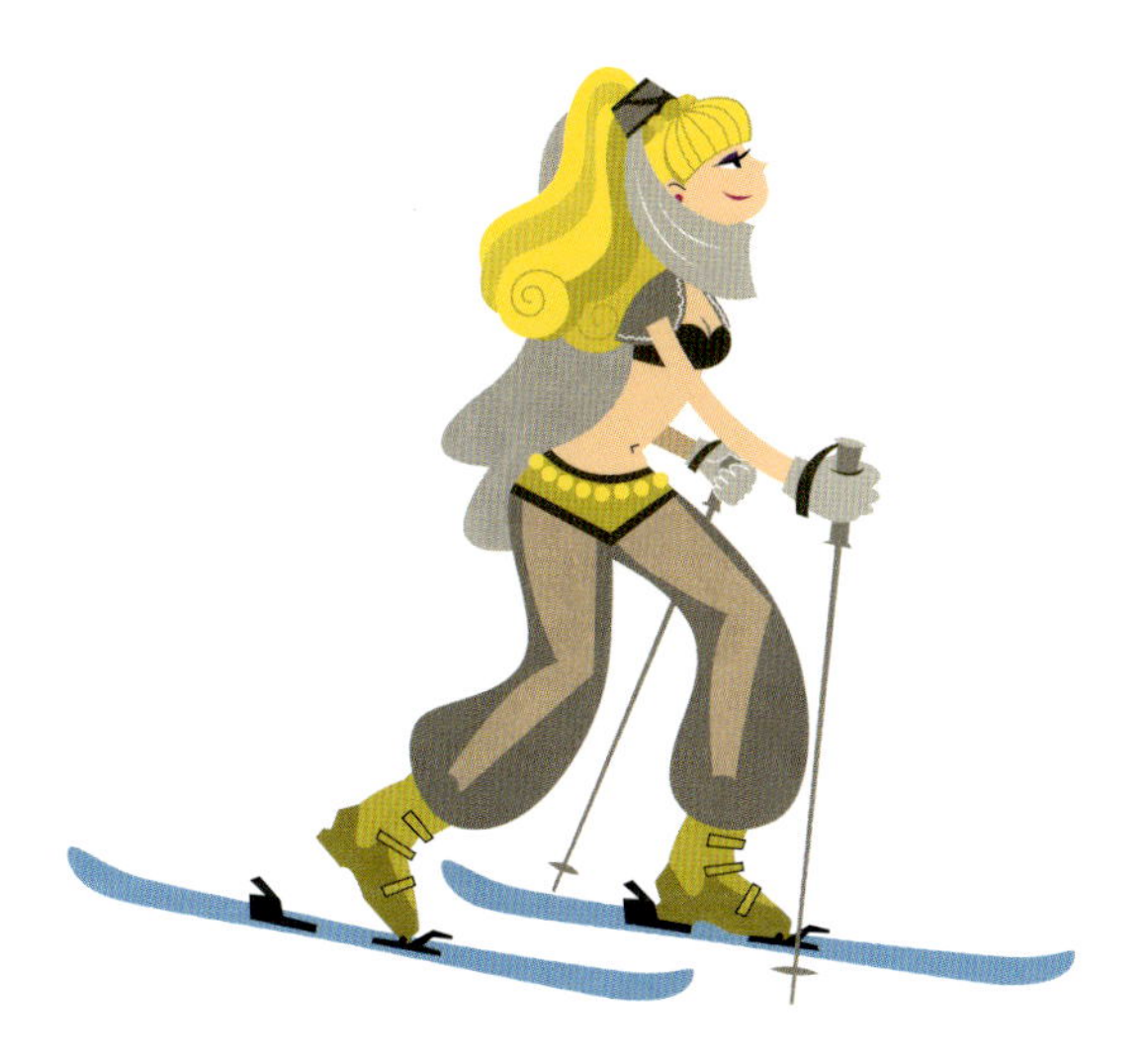

宵、私、ジニーが、王さまの夜伽に、２本の板で雪の上を滑る「スキー」という遊びのお話をいたしましょう。

この国にはむかし、空前のスキー・ブームがありました。ピークの１９９４年には、１年間に１回以上スキーをする人が１８６０万人もいたそうでございます。が、残念なことに、この遊びにはずいぶんとお金がかかったため、長い不況がこの国を覆っている間にすっかり人気を失い、22年後の２０１６年には、その数は６分の１の３３０万人にまで減ってしまいました。ですから、20年前はひと冬に３度も４度もスキーに行っていたスキーヤーたちも、今はゲレンデととんとごぶさたと聞きます。

百聞は一見にしかず、このお話のつづきは、魔法のじゅうたんに乗って昼間のスキー場に行き、スキーをしている人たちを実際に見ながらいたしましょう。寒いですからセーターとダウンをお忘れなく。よろしいですか、王さま。では、出発します。

アブラカダブラ！

さあ、雪山の山頂に着きました！　周りをご覧になってください。どうです、ガラガラに空いているでしょう。え、何？リフトから降りてくる、ヘルメットの上にチョンマゲをつけたお侍さんは何者か、ですって？　さすが王さま、いいところに気がつかれましたね。

お侍さんのチョンマゲにしか見えないあれは、実は**GoPro**という軽くて耐久性に優れたアウトドア用のカメラなんです。スキーの場合、板、ストック、ヘルメット、二の腕など、いろいろな場所につけて、迫力ある動画を撮ることができます。しかも、あんなに小さいのに、映像は4K。その上、通信機能がついていて、撮影した動画をスマホで見て、その場でインスタグラムに上げることも可能です。今どきのスキーは、GoProで撮った画像をインスタにアップし、みんなから「いいね！」を貰って、初めてコンプリートなのです。

ヘルメットや板の先端等に取り付けられる小さなビデオカメラ、**GoPro**。2004年発売。

GoProは、ヘルメットに接着マウントを使って取り付ける方法が一般的。板の先端に自分に向けて付けても、迫力ある画が撮れます。

しかも都合のいいことに、頭の上に付けたGoProで撮った画像には、自分のフォームは映りません。映るのは、スピード感と自然の美しさだけ。ですから技量なんか関係ないんです（但し、晴れた日に背中から太陽の光を受けると、影が映り込んでフォームがバレるのでご注意ください！）。

王さまがお生まれになるよりはるかむかし、スキーは自然と対峙しながら技術をストイックに磨く孤独な男のスポーツでした。その当時、スキーの目的は、心と身体を鍛え、自分が納得できる技量を身につけることで、そこには、他人の目が介在する余地などありませんでした。

ところが1980年代に入ると、用具も交通の便も格段に進歩してスキーが簡単になり、若い女性もこぞってスキーを始め、そうなると男のスキーヤーは、自分がスキー場に来るかわいコちゃんにどう見られているかを気にするようになり、スキーの目的は、姑息なテクニックを身につけて少しでも上手そうに滑り、女子たちにモテること、になり下がりました。

さらに1990年代後半になって、スノーボードという新しいスノー・スポーツが流行すると、スキーヤーも、後ろ向きに着地しても滑れるよう、前だけでなく後ろにも反りがつけられた**ツインチップ**と呼ばれる板を履き、スノーボーダーのように、ふもとのハーフ・パイプやワンメイク台で、飛んだり回ったりするようになります。

が、最新のスキーはそれとも違います。ハーフ・パイプは維持費がかかる上、そこで遊ぶ客はリフトに乗らず、ゲレンデに一銭も落とさないので、最近はどこのスキー場でも縮小気味。それより何より、スキー人口が6分の1に減ったおかげで、モテたくてもスキー場に人がいなくなってしまいました。

そこに現れたのがSNSです。SNSのおかげで、スキーヤーが自分をアピールする相手は、スキー場にいる女のコだけでなく、全世界に拡がりました。そうなると、相手はスキーをしない人がほとんど。そういう人にはスキー技術の微妙な差はわかりません。わかるのは、その画像がどれだけ楽しそうか、だけ。従って、今のスキーの目的は、技

フリースタイル向けの**ツインチップ**の板は、後ろも跳ね上がっているので、ゴンドラのラックに入らず、板をゴンドラに持ち込む迷惑な存在です。

術の上達でも、スキー場にいる女のコにモテることでもなく、SNSで、素晴らしい自然の中で充実した時間を過ごしているところを全世界にアピールし、自分がさもイケてる人であるかのように見せかけて「いいね！」を貰うこと、に変わったのでございます。

同じことは、ほかのあらゆるアウトドア・スポーツで起こっています。いや、スポーツだけでなく、バーベキューも、クラブのパーティーも海外旅行も一流レストランでの食事もナイト・プールも、この国の国民のすべての活動の目的は、その場の楽しさや盛り上がりではなく、SNSに写真を上げて「いいね！」を貰うことになったのです。

いかがです？　今どきのスキーの愉しみ方がおわかりいただけましたか？　え、なんですって？　自分も「いいね！」がほしい？　正気ですか？　なるほど。正気でおっしゃっているんですね。わかりました。王さまがその高貴な地位を捨てて「いいね乞食」になり下がられたいと思し召しなら、このジニーがお手伝いしてさしあげましょう。

そのおつもりで、もう一度、周りをご覧になってください。ほら、あそこにゲレンデの逆側に下りようとしている人が見えるでしょう！　あの向こうは、**バック・カントリー**と呼ばれる、自然のままの新雪が積もった未開の斜面です。

バブルの頃、ゲレンデの両端は柵で厳重に仕切られ、スキーヤーがちょっとでも柵の外に出ると、すぐにスキー・パトロールがすっ飛んで来て怒鳴りつけたものでした。が、よく考えたら、スキー・パトロールには、私有地に無断で入って来る者を取り締まる権利はあっても、私有地から外に出て行く者を取り締まる権利はありません。今はそんなことをしていたら客が来ないので、スキー場は、ゲレンデ外でも下まで迷わず降りられる斜面なら、ゲートを設けて開放しています。２０１７年暮れにロッテの所有となってリニューアル・オープンした新潟県の『**アライ・リゾート**』など、滑れる斜面はゲレンデより、圧雪されていないバック・カントリーの方がはるかに広いほどです。

スキー場がこうなったのは、ＳＮＳのおかげです。圧雪された人工的なゲレンデを滑る映像より、バック・カントリーの新雪の上を滑る映像の方がはるかにフォトジェニックで、「いいね！」が貰いやすいからです。

従って、一般スキーヤーが憧れる対象も、冬季五輪やワールドカップで活躍するアルペン競技の選手から、非圧雪ゾーンの新雪をヤンチャに滑るフォトジェニックなバック・カントリー・スキーヤーに変わりました。今どきの一般スキーヤーは、アルペン競技の

ファット・スキー：一時は、中央部の巾が120㎜くらいまで広がりましたが、今は90㎜前後に落ち着いています。

中継には見向きもせず、みんなYouTubeで、バック・カントリー・スキーヤーが大自然の中の崖のような急斜面を滑る動画を夢中で見ているのです。

ここで、今どきのスキー板のお話をしておきましょう。オーストリアの**クナイスル**とスロベニアの**エラン**が、1993年に、ターンしやすくするために板の中央を細くくびれさせた**カービング・スキー**を開発しました。この板、初めはその形から「おしゃもじスキー」と呼ばれ、バカにされていたのですが、初心者でも簡単に曲がれるため、1999年頃から徐々に普及し始め、今日では、すべてのスキー板が、サイドにカーブがつけられたカービング・スキーになっています。

その中でも、今一番の売れ筋は、バック・カントリーの新雪用の**ファット・スキー**です。新雪の上では、板は幅が広ければ広いほど浮力が得られるため、今日、スキー・ショップの店先に並んでいるスキー板の半数以上は、ファット・スキーと呼ばれる、全体に巾広の板になっています（それでも中央部は絞られています）。

また、最近は、人が乗ると反動で揺り椅子の脚のようにU字にたわむ、**ロッカー・スキー**という板も普及しています。U字にたわめば、接雪面が短くなり、新雪の上で楽に曲がることができるからです。

　ロッカー・スキーは、圧雪した雪面でも操作しやすいので、昔ながらのゲレンデ・スキー用の板としても、注目されています。これに対し、従来の反らない板は**キャンバー・スキー**と呼ばれ、スピードを出しても安定性があるため、上級者向けとされています。最近のスキー・ショップでは、すべての板に「ロッカー」か「キャンバー」の表示があるのでございます。

　昔は、新雪を滑る際、板の先端を雪に潜らせないよう後傾姿勢になり、そうなるとどうしても過剰にスピードが出てしまうので、減速のためS字に小刻みにターンする、いわゆるウェーデルンと

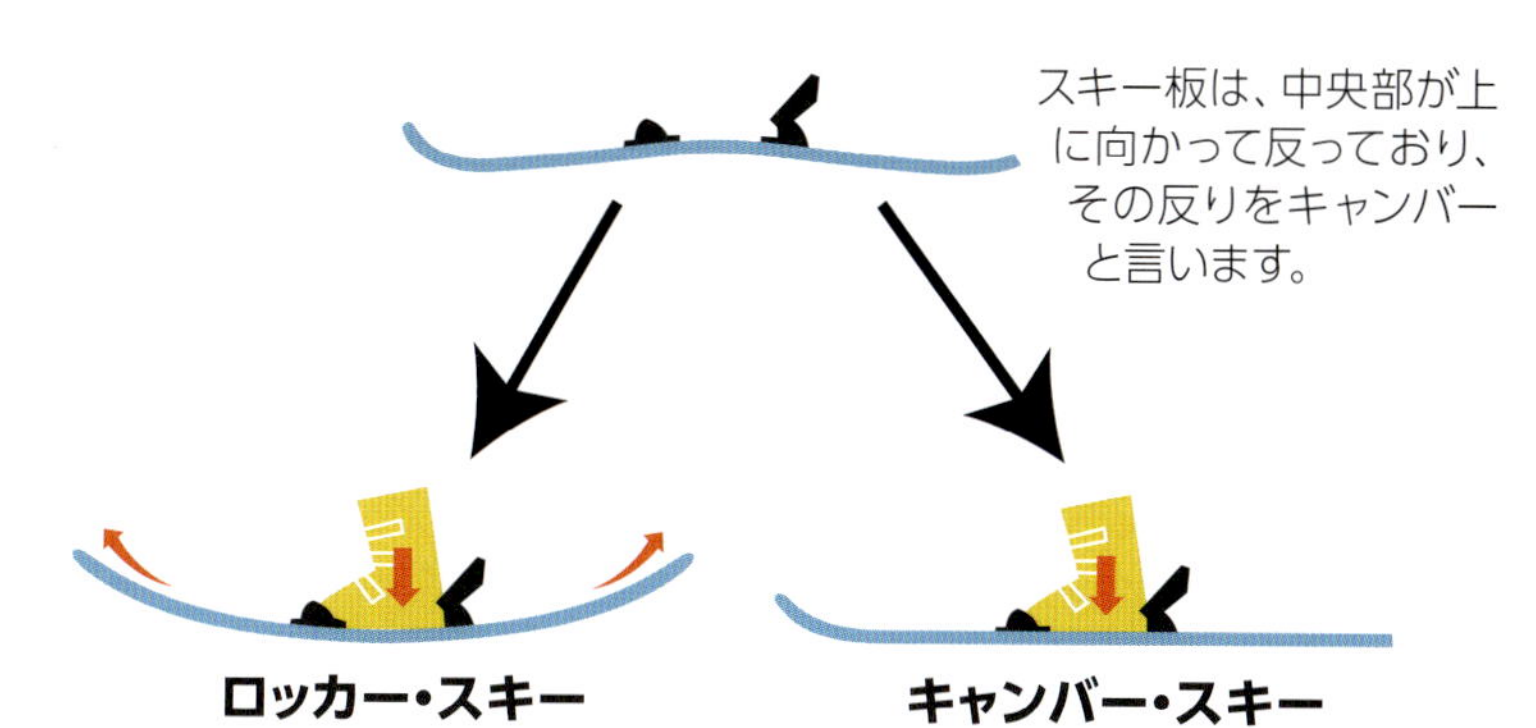

スキー板は、中央部が上に向かって反っており、その反りをキャンバーと言います。
ロッカー・スキー
ロッカー・スキーは、人が乗ると中央が沈み込み、反動で前後が上にたわみます。「ロッカー」とは揺り椅子の脚のことです。
キャンバー・スキー
キャンバーがついた板は、中央に乗ると接雪面が平らになり、エッジが雪をよく捉える造りになっています。

パウダー8：複数のスキーヤーが「ウェーデルン」で小刻みにターンすることで、コブの斜面につく8の字のシュプール。「今の板は浮き過ぎちゃって面白くないよ」とか「スキーは沈み込み伸び上がりが醍醐味だよ」などとコメントすると、ウェーデルンの達人っぽさを醸し出すことができます。

呼ばれる技術が必要でした。ところが、今のロッカー・スキーは、後傾しなくても板が浮くため、細かくS字を刻まなくても、ゆったりしたターンで新雪を下りることができます。それだけに、2人のスキーヤーが別々につけたS字跡が交差してできる**パウダー8**という8の字のシュプールは、年配のスキーヤーにとって、懐かしいもの。バック・カントリーでパウダー8を見つけたら、とりあえずその下で、さも自分がつけたシュプールのように写真を撮ってSNSに上げれば、年長者から山のような「いいね！」を貰うことができます。

ビンディングも、売れているのは、バック・カントリー用の**ヒールフリー・タイプ**です。ヒールフリーとは、**クロス・カントリー**種目で昔から使われてきたかかとを固定しないビンディングのこと。クロス・カントリーでは、雪原の丘を越えるとき、板を履いたまま歩いて上る必要があり、上るときはかかとが浮いた方が歩きやすいので、こういう形のビンディングが使われてきました（次ページイラスト参照）。

バック・カントリーでも、リフトのない斜面を歩いて上ることがあるので、このタイプのビンディングがよく使われます。但し、本物のヒールフリーは下りるときはテレマークと呼ばれる難しい技術が必要なので、近年は、スイッチ一つでかかとを固定し、下りは普通のゲレンデ・スキーの技術で滑れる**ツアー・ビンディング**と呼ばれるタイプが人気になっています。

さらに、オニキスとディナフィットの2社は、爪先に小さな孔の空いた専用の靴を履き、その孔にピンを刺してかかとが浮く（しかも、固定もできる）ようにした**テック・ビンディング**という新システムを出しています。テック・ビンディングは普通のビンディングよりも、1セットにつき約1キロ軽く、持ち運びも操作も楽なので、高齢者や女性にも売れています。

靴

についても申し上げるなら、テック・ビンディング用以外は、特にバック・カントリー専用のものはありません。が、靴もまた、さまざまな面で進化しています。第一に、最近の靴は、切り替え一つで足首の可動域が拡がる**ウォークモード**がついて、歩きやすくなりました。第二に、重さが劇的に軽くなりました。第三に、

ツアー・ビンディング（上）とは、靴のかかとがビンディング板ごと浮くシステム。ゲレンデ・スキー用の普通の靴で履くことができ、切り替え一つでかかとを固定することもできます。一方、**テック・ビンディング**（下）は、爪先の両端に孔の空いた専用の靴で履くビンディング。こちらも、切り替え一つでかかとを固定できます。ファット・スキーには、ツアー・ビンディングをつける人が８割だそうです。

ヒールフリーとは、雪原を歩くために、かかとを浮かせ、歩きやすくしたビンディングのこと。クロス・カントリー・スキーでは昔から使われていました。

どのメーカーの靴も履きやすくなり、足が傷まなくなりました。足の形にインナーを合わせるタイプの靴は以前からありましたが、最近は、外側の殻すらも使用者の足の形に合わせて成型し直す靴が各社から出ており（ショップで30分も待てば、形を直してくれます）、馴らす必要もなくなりました。

ブ〜〜ン

あ、王さま、頭上をごらんになってください。小型のドローンが飛んでますよね。あのドローンは、バック・カントリー・スキーヤーが自分の滑りを撮るためのものです。ドローンで撮った新雪を滑る動画は、SNS界の王者です。これを見て「いいね！」を押せない人はまずいません（但し、ドローンには自分のフォームがバッチリ映ってしまうので、よほど上手い人でないと、滑っている画は視聴に耐えません）。

2015年12月以降、航空法が改正され、ドローンを飛ばす際は航空局の許可が必要になりましたが、それは、200グラム以上のドローンの話で、それより軽いドローン（＝**ホビー・ドローン**）は、今でも自由に飛ばすことができます。そうしたホビー・ドローンの中には、今頭上を飛んでいるドローンのように、カメラ付きで199グラムというものがあります。それを使って自分の滑りを撮ろうというのです。但し、ゲレンデ内は、多くのスキー場が地権者の権限でホビー・ドローンすらも禁止しています。それに対し、国有林のバック・カントリーはスキー場の権限が及ばないので、ホビー・ドローンはＯＫ。だから、ドローンで撮影しようとする人は、ゲレンデの外に出て行くのです。

そもそも、本物のバック・カントリー・スキーヤーは、ゲレンデの外に踏み出す前に、未知の斜面の様子を**グーグルアース**でチェックし、遭難に備えてヒートテックを着込み、雪崩に備えて**ビーコン**（自分の位置を知らせる発信器）やスコップを身につけ、場合によっては首に**雪崩用エアバッグ**まで装着し（これをつけていると雪崩が起こっても頭が雪に埋もれません）、万全の備えをしているもの。その準備には普通のゲレンデ・スキー以上に金がかかるため、当初、バック・カントリーにはお金持ちしかいませんでした。が、今は、彼らの滑りのカッコよさに憧れて、たいした準備もせず安易にゲレンデ外に出て行く輩が増殖しており、そういう人たちによる遭難事故があとを絶ちません。王さまは、くれぐれも万全の準備でお出ましくださいませ。

さあ、今度は、ふもとの民宿街にやって来ましたよ。日が暮れて、あかりが灯された民宿街の雪深い舗道を、大勢の外国人が行き交い、ここはスイスかオーストリアかと見間違えてしまうほどですよね。今どきのスキー場は、彼ら外国人旅行客を抜きに語ることはできません。特に夜は、日本人スキーヤーは無駄な出費を控えて宿から一歩も出ないので、町はこのように外国人だらけになるのです。スキー場のふも

SNS界の王者ドローン・スキーヤー。被写体を認識して自動追尾するタイプのものを使っている人が多いようです。

との温泉街の真ん中にオーストリア人が経営するパブができて、そこに夜な夜な外国人客が集まるという光景を、バブル期のいったい誰が想像できたでしょうか？

実は、日本は世界一雪に恵まれた国です。世界の人口10万人以上の豪雪都市ベスト10のうち、上位3位までは日本が独占しています。1月の日本の雪国は月の半分以上雪が降り、一度シュプールがつけられた斜面も、すぐに上から雪が積もってまっさらな新雪に戻ります。海外でこれだけ雪が降るのは標高2千メートル以上の山だけ。大都市圏からすぐ行ける場所にこれだけの豪雪地帯がある国は、日本しかありません。加えてこの円安です！　今や、世界中のスキーヤーは、「**ジャパニュアリー**」という合い言葉のもと、こぞって1月の日本を目指してやって来ます。

おかげで、近年、日本のスキー宿は、王さまの目の前にあるような、外見は古い日本家屋でも中はベッドという外国人対応の民宿に替わってきました。外国人スキーヤーは、そういう宿を**エクスペディア**、**トリバゴ**、**Air b&b**といったブッキングサイトで予約します。王さまも、スキーに行かれるときは、一休や楽天トラベルではなく、エクスペディア、トリバゴ、Air b&bで宿をおとりになってください。外国人で溢れかえった民宿で、外国人スキーヤーたちと一緒に食事をしている写真は、ある意味、バック・カントリーを滑っている写真よりずっとSNS映えいたしますから。

　おや、夜も冷えてきました。今宵許された物語はここまでとし、明晩、また別のスポーツのお話をいたします。明日、お聞かせするお話は、今宵のものより、もっと心躍りましょう。

野沢温泉街の中心部に、イギリス人トーマス・リヴシーが2014年1月に開いた、クラフトビールの店『**里武士**』。スキーシーズンは、外国人スキーヤーで大賑わい。野沢の水を使って自分のところで醸造も行っています。

＃2

サーフィン

SURFING

今宵は、サーフィンのお話です。王さまは、「海に入るのはタダだから、サーフィンはスキーほどは廃れていないだろう」とお思いでしょうが、なかなかどうして、サーフィン人口（1年間に1度でもサーフィンをする人）もスキー人口同様、過去20年間で140万人から30万人へと、4分の1以下にまで減ってしまっています。

1980年代初めに、JRがサーフボードの電車への持ち込みを許可したおかげで若年層のサーフィン人口が爆発的に増えた時期がありました。が、当時の「電車サーファー」も今はもう50代。その後、10〜20代の新規参入はほとんどなく（今の若者は、海辺に住んでいるか、親が熱心なサーファーでない限り、サーフィンは始めません。都会の若者でサーフィンをする人間は皆無です）、昔はヤンチャな若者の店だった街のサーフ・ショップも、今は落ち着いた大人の店になっています。

1980年代前半のサーフ・ショップは、たいていハワイか西海岸の店の完コピ（当時は、街中にサーフ・ショップがありました）。

大人しかいない、成熟した現代のサーフ・ショップ。

サーフィンは王さまの知らない間に、スキー以上にいい感じの大人の遊びになっているのです。

もしも王さまが本気でサーフィンを始めようとお考えなら、それはえらいことです。マトモに波に乗れるようになるには、1年間休まず毎週海に通わなければなりませんし、誰でも自由に斜面を滑れるスキー場と違って、サーフィンは、いい波の立つスポットに必ず「**ローカル**」と呼ばれるおっかない地元サーファーがいて、よそ者が勝手に波に乗ろうとすると必ず彼らにボコられます。新参者がサーフィンを始めるには、ビーチに顔がきく地元ショップでボードを買い、ショップ主催のスクールに入り、2時間約1万円のレッスン料を払って、4~5人一組で先生から教わらなければなりません（昔はサーフィンをスクールで習うなんて考えられないことでしたが、今はスクールが全盛です）。

その上、本物のサーファーになったらなったで、週末、彼女とラブホにしけこんでエッチしたとしても、朝の4時には目覚ましをかけて、海に向かって出発しなければなりません。どうです？　確かに「えらいこと」でしょう。

でもご安心ください。本物のサーファーになる必要はありません。サーフィンはスポーツというよりある種の生き方なので、生き方だけサーファーになれば、無知な女のコを騙してモテることができるからです。

女性サーファーも高齢化が進み、彼女たちはやたら日焼けを嫌うので、手首・足首まで覆うウエットスーツを着て、足にはブーツ、手にはグローブをはめ、なおかつ、顎紐のついたつば広の帽子をかぶって海に入っています（そこまでするくらいなら、やめりゃいいのに！）。

ほら、王さまも、「浜には何万という波が打ち寄せるけど、同じ波は二つとない」とか「俺たちは太平洋という同じ銭湯に浸かっている仲間だ」とかいった歯の浮くようなセリフを聞いたことがおありでしょう。太平洋が「同じ銭湯」だなんて何言っちゃってんだか、とお思いかもしれませんが、今どきのサーフィン界は高齢化が著しく、湘南で波待ちしていると、周りは老人ばかりで、本当に下町の銭湯に浸かってる気分になるので、この言葉もあながち間違いではないそうでございます。それはさておき、サーフィンには、無知な女を騙すためのこうした詩的なセリフがたくさんあるので、王さまもそういったセリフさえ唱えていれば、サーファーのふりができます。サーファーに必要なのは、運動神経ではなく、詩人の才能なのです。

それに、ゴルフやテニスは「俺は上手いんだ」と言うと、必ず女子が「今度連れてって」という流れになりますが、サーフィンは「今度連れてって」には絶対になりません。今どきの女のコは日焼けが怖いので、紫外線の強い海に行きたがりません。自動車のテレビCMには、サーフィンをする夫を妻と子供が浜で見守る光景がよく描かれていますが、実際にビーチで夫のサーフィンを見守る妻なんてのも一人もいません。そもそもみんな黒いウエットスーツを着ているので、浜から見ていても誰だか区別がつきません。

見た目だけでもサーファーになりきるには、まず、上下ジャージを着たまま日サロで身体を焼いてください。首より上だけ焼けたウエットスーツ跡付きの日焼けは、サーファーの証しです。サーファーはボードが流されないよう、足首に**リーシュ**と呼ばれる紐を常につけているので、足首に輪ゴムを巻いて、リーシュの跡（いわゆる「リーシュ焼け」）をつけることをお忘れなく。

街で着る服は、今なら、オーストラリア生まれのバイク&サーフィン・ブランド、**DEUS**（業界人がよくロゴ入りのTシャツを着ているアレ）で

DEUS EX MACHINA

DEUSは、2006年にオーストラリアで生まれた、サーフィンとバイクのミックス・カルチャー・ブランド。神宮前にショップあり。

☎ 03-5413-3949

東京都渋谷区神宮前3-29-5

パタゴニア
1973年創業のアウトドア・ブランド。1996年からサーフィンに参入。千葉県一宮町に直営アウトレットあり。
☎ 0475-40-6030
千葉県長生郡一宮町
東浪見 7404

しょう。但し、このブランドはマッチョでチョイ悪な男にしか似合わないので、ひ弱な王さまがお召しなら、**パタゴニア**がお薦めです。パタゴニアはもともとは登山家向けのブランドで、サーフィンに参入したのは1996年と、まだ新参者なのですが、エコにとことんこだわった商品作りで、理屈っぽいエコロジストのファンを新興宗教のように集めており、毎朝5時に起きてジョギングし、グリーンスムージーを飲んで、家庭菜園でオーガニック野菜を作っているふりができるなら、断然これを着るに限ります。

海は、潮の干満の差が大きくて、しかも潮が引くか満ちるかとにかく動いているときにいい波が立つので、サーファーは、月の満ち欠けを示す**ムーンデータ**と、潮の満ち引きを示す**タイドグラフ**の表示機能が付いた**G-SHOCK**を腕につけているもの。最近はGPS機能で自分が何回・何メートル波に乗ったかを表示してくれる**NIXON**という腕時計もあり、これをつけていればさらに本物感が増します。

また、昼食時には、わざとらしくスマホの波情報アプリを覗いてください。台風が接近しているときは、「SNSで「**釣ケ崎にいいうねりが入りそうだ**」などとつぶやいて嬉しそうにしていると、それらしい感じが出ます。

普段サーフィンをしていることにする場所は、九十九里浜の一宮町に限ります。2020年の東京五輪でサーフィン競技の会場になるこの町は、今、この国でいちばん盛り上がっているサーフ・タウン。湘南でやってると言うより、ずっと本物の匂いがします。一宮には、サーフ・ショップやカフェが並び、町自体が「いいね！」の宝庫ですし、週末だけこの町に滞在しようとする都心のサーファーのための住宅物件を扱う『**波乗不動産**』という不動産会社があるので、この不動産会社の物件写真をコピペして、SNSに「借りようかな」と

NIXONのTHE MISSION
今一番人気のサーフウォッチ。
6万8040円。

タイドグラフ付き**G-SHOCK**
（GWN-1000B-1AJF）これが一番一般的。6万1560円。

上げれば、むっちゃリアルです。

ここで、サーフィンの歴史を手短にお話しいたしましょう。5世紀頃、南太平洋一帯で始まったとされるサーフィンは、1940年代にハワイ真珠湾の海軍基地に駐留していた米軍の水兵たちによってアメリカ本土に持ち込まれ、それまでただの一枚板にすぎなかったサーフボードに、フィンやロッカー（反り）や**コンケーブ**（水の流れを通す谷）がつけられました。

当時のボードは、長さ9フィートで1本フィン（シングルフィン）の、今で言う**ロングボード**。その後、サーフィンは、1968年に起こった「ショートボード革命」を経て、1980年代には究極のショートボード、**トライフィン**にまで行き着き、空中で一回転してまた波の上に戻ったりするハイ・パフォーマンスな技を競うスポーツに変貌。おかげで、一般人にとってやたらとハード

ロングボードは、波にバチッとハマれば、上を歩いても先端に乗ってもバランスが崩れないので、板の先端まですり足で歩いて行き（**クロスステップ**・左図）、先端に足の指を10本かけて乗る（**ハングテン**・右図）という大技が可能です。

ロングボードは長さ9feet前後、**ショートボード**は6feet前後。基本、板は長くなればなるほど楽に立つことができ、小さい波にも乗れますが、取り回しは難しくなります（最近は、シェイプ技術の進歩のおかげで、昔に比べると長いボードでも取り回しが楽になったそうですが）。価格はショートボードが10万円前後。ロングボードは15万〜20万円です。

ルの高い遊びになってしまいました。が、1990年代になって、**ジョエル・チューダー**という若者がロングボードを再流行させると、腹ばいで乗る**ボディ・ボード**に逃げていた女子たちや、サーフィンそのものを諦めていた大人たちが、ロングボードに戻って来ます。

さらに、90年代半ば、**トム・カレン**という超一流のサーファーが、70年代のフィッシュテールと呼ばれる過渡期のボードで信じられないような大波に乗ってみせると、今度はショートボードに飽きた30代や、ロングボードにも飽きた40〜50代の一部が、そちらに流れ始めます。そうした、ロングでもショートでもない、過渡期や初期のクセの強いボードに乗る個性的なサーフィンを**オルタナティブ**（略してオルタナ）と呼び、今のサーフィン界で一番イケてるのはオルタナだと言われます。

今の日本のサーフィン人口は、ショートに乗っている人がざっと半分、ロングとオルタナが4分の1ずつといったところでしょうか。

オルタナと並んで、もう一つ、近年のサーフィン界で流行しているのが、専用の長いボードの上に立ち、櫂で波を漕いで進む**SUP**（Stand Up Paddle Surfing）です。こちらは、1940年代後半、ハワイのワイキキで**ジョン・アチョイ**というビーチボーイ（＝観光客のために浜で雑用をこなして日銭を稼ぐ現地人）が、ボードの後ろに客を乗せてサーフィンを体験させるため、カヌー用パドルでボードを漕いだのが始まり。2000年代初め、**レイアード・ハミルトン**というサーファーが、ノースショ

【オルタナティブのボードの種類】

アライア：ハワイで乗られていた、サーフボードの原型と言われるフラットな木の一枚板。

ニーボード：1960年代にサンディエゴで流行った膝で乗るボード。オルタナ・シーンの原型と言われる板。

フィッシュテール：ショートボードはターン時にテールが勝手に曲がりがちですが、この板はテールの内側の縁が水面にひっかかり（右円図）、板のコントロールがききやすいのが特徴。技術がなくてもドライブ感をもってターンができます。

アの大波に挑む際、アチョイを真似てパドルで漕いでみたところ、操縦性がムチャムチャよかったため、気に入って、特注のボードを作らせ、パドルも立って漕げるように柄の長い専用のものを作らせ、現在のSUPの原型を確立しました。沖の穏やかな海を長距離クルージングしたのも、このハミルトンが最初だそうです。

この国に上陸したのは2004年。鎌倉の材木座海岸で『**オクダスタイル・サーフィング**』というサーフ・ショップを営むプロ・サーフィンのサーファーの**奥田哲**（ウィンドサーフィンの大技「エアリアル・ループ」を日本で最初に成功させた人）がハワイでSUP

【SUPのボードの種類】

リーシュコード
SUPにも必要です。
波乗り用
長さ7〜8feet。短くて、先端部が薄いのが特徴です。
オールラウンド用
クルージング用と波乗り用の中間で、9feet6inchが定番。
クルージング用（レース用）
12feet6inchが定番。沖の波を切り裂いて走るため、巾が狭く、先端部が厚く尖っています。
インフレータブル
最近はレースでもハードボードに勝ってしまうほど性能が向上しています。

に出会い、店の前の海で始めたのが最初だと言います。

当初、ＳＵＰは、サーファーからは「カッコ悪い」「何が楽しい？」とバカにされていましたが、板の上に腹ばいになって腕で波を掻かなければならないサーフィンと違い、ＳＵＰは、最初から立ったまま乗れるのでテイクオフが簡単だわ、櫂で漕ぐ分、力のない人も簡単に波に乗ることができるわ、風や波の状態に関係なくどんなコンディションでも楽しめるので「波待ち」「風待ち」が不要だわと、結構ずくめ。しかも、全身の筋肉の85％を動かす全身運動なうえ、不安定なボードの上に立ってパドルで漕ぐと体幹筋が鍛えられて基礎代謝が上がるため、ダイエット効果も抜群。漕ぐだけなら誰でもできるので、彼女も一緒に楽しめるし、漕ぎながら会話もできるしで、極めてデート向きのスポーツとも言えます。最近は、ＳＵＰの上でヨガをやる「ＳＵＰヨガ」なんてものまで生まれています。

おかげで、新規流入が完全に途絶えたサーフィンを尻目に、ＳＵＰは初心者を取り込んで急成長。２００８年以降は、サーフィンやウィンドサーフィンのメーカーがＳＵＰのボードを一斉に作り出し、２０１０年からは、空気で膨らますゴム製の**インフレータブル・ボード**も発売しています。このインフレータブル・ボード、空気を抜いて畳めばバックパックほどの大きさになり、クルマに積んで簡単に運べるので、このボードを使って、川や都会の運河で長距離クルージングを愉しむ愛好者も多く、市販のボードの70％は、海水ではなく淡水で使われているというデータもあるほど。

SUPなら王さまでもおできになるかもしれませんから、ぜひ挑戦してみてください。但し、間違っても、ハワイのサーファーのようにSUPで波に乗ろうなんてお考えにならないように。SUPは、沖から立ったままビーチまで一気に同じ波に乗って来られるので、SUPで波に乗る人がいると、サーファーはなかなか波に乗れないうえ、少しでもねっているとSUPの上からは腹ばいのサーファーが見えにくく、重大な事故が起こりがちです。ルールもわきまえずにSUPで波に乗るとローカルに必ずボコられますので(ローカルはとにかくボコる人たちです)、絶対にお止めください。

ところで、およそサーフィンをする者で、インスタグラムをやらない者は一人もいません。近年、SNSは、10代はツイッター、20~30代はインスタグラム、40代以上はフェイスブックというふうにハッキリ棲み分けができていますが、サーファーは若作りをしたいのか、はたまた写真好きなのか、40~50代でもみんなインスタグラムをやっています。王さまもサーファーのふりをするなら、インスタグラムに写真を上げる必要があります。が、このとき変に頑張って、自分が浜辺でサーフボードを抱えて立っている写真なんか上げないでください。かえって怪しまれます。

インスタグラムは自分の姿や顔ではなく、自分の世界観を提示するもの。本物のサーファーの中には、自分の顔は一切見せず、波と太陽の写真だけを上げている人、あるいはその浜で一番上手いサーファーのライディングだけを上げている人が、いっぱいいます。大切なのは、ポリシーのある世界観。海の風景写真だけを上げていても、そこに一定のポリシーがあれば、十分通用します。

では、動画はどうでしょう？　サーファーのインスタにはGoProを使った動画がつきものです。が、サーファーがGoProをつけるのは、たいてい二の腕かボードの先端で、自分より前方を撮る限り、顔は映りません。本物のサーファーに5千円札とGoProを渡してライディングの動画を撮って貰い、途中に自分の顔（ブレブレの方がリアルです）を1〜2カット短く入れて編集し、これにイケてる音楽をつけてアップすれ

正しいサーファーのインスタグラム
サーファーは、自分のライディング・フォームや顔より、こうした写真をインスタに上げます。重要なのは自分の「世界観」です。

サーファーはGoProを二の腕かボードの先端につけるのが一般的。撮った動画は編集して音楽をつけてSNSに。

ば、まるで王さまご自身がライドしているかのような映像を作ることができます。インスタに速報性は求められません。従って、撮った後でじっくり時間をかけて丁寧に編集してから映像を上げればよいのです。サーファーの中には、そうした手の込んだ映像を作る人が、これまたいっぱいいますので、決して不自然ではありません。

あ!

王さまに大事なことを申し上げるのを忘れておりました。サーファーにデブはいません。デブが、サーファーのふりをするには無理があります。SUPも同様です。王さまのようなデブは、サーフィンは諦めていただくしかなかったのでございます。無駄な話に一晩つき合わせて申し訳ございませんでした。

今宵許された物語はここまでといたします。明日、お聞かせするお話は、今宵のものより、もっと心躍りましょう。

＃3

スクーバ・ダイビング

SCUBA DIVING

昨夜は王さまに、デブが絶対にやってはいけないスポーツ、サーフィンの話をしてしまい、たいへん失礼しました。今夜は罪ほろぼしに、王さまのようなデブでもできるスクーバ・ダイビングのお話をいたしましょう。

波の上に立つサーフィンと違い、スクーバの舞台は海の中。水中には浮力という強い味方があります。ほら、トドだってセイウチだって海の中ではスイスイじゃありませんか。スクーバこそ、王さまにピッタリのスポーツです。しかも、海中は、雪山やビーチ以上に四方八方がフォトジェニック。海の中で撮った魚の写真は、嫌味なくリア充を自慢できる上、「いいね！」を貰いやすい、まさに、SNSのための遊びと言っても過言ではありません。

その上、ダイビングには、安全確保のために必ず2人1組で潜る**バディ・システム**という制度があり、女性に声をかけられない内気な王さまも、ダイビングの教習に行けば、女性とカップルになれる可能性があります（相手もオッサンだったら申し訳ありません）。その上、背中のタンクに圧縮して充填された気体は、空気と同じく8割が窒素で、高分圧の窒素を吸いつづけると、誰でも軽い**窒素酔い**を起こします。窒素酔いになると、人間は判断力が半分以下に低下すると言われ、デブの王さまでも、女子にはカッコよく見えるかもしれないのです。

いかがです？　スクーバ、本気でやってみたくなったでしょう？

え、何？　**スクーバ**じゃなくて**スキューバ**じゃないか、ですって？　なるほど、スクーバかスキューバかは、この遊びで最初にぶつかる大きな問題ですね。日本ではスキューバと表記されることも多いようですが、世界的にはスクーバの方が一般的。私たちは、スクーバと呼ぶことにいたしましょう。

バブル期に流行ったアウトドア・スポーツは、スキーにせよサーフィンにせよ、スマホとSNSの登場のおかげで、多かれ少なかれ遊び方が変化しましたが、中でもスクーバほど変わった遊びはありません。

もともとスクーバは、潜った後、**ログブック**と呼ばれる日記帳に、潜水時間や深度等

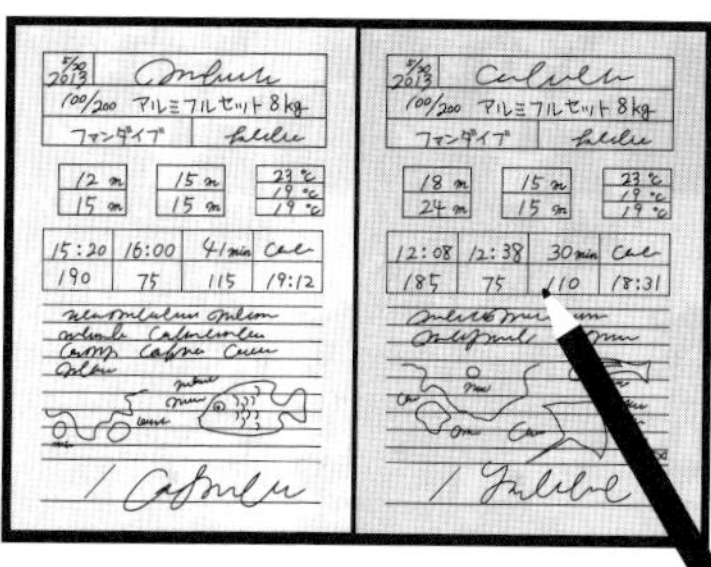

ログブック
ダイビングの経験を証明するために使われ、潜る際にCカードと一緒に提示を求められることもあります。

オーシャンログ
ログブックを仲間と共有できるようにしたiPhone アプリ。

【スクーバ・ダイビング「大物」図鑑】

ナポレオンフィッシュ＝沖縄、石垣に広く分布。体長が2m近いものも。

マンタ＝イトマキエイ。群れをなすマンタ・ポイントが石垣島にあります。

アオウミガメ＝昔は当たり前に見られたが、今は絶滅危惧種。

のデータをつけ、ついでに海中で撮った魚の写真も貼りつけて、自分の思い出にする（あるいは他人に自慢する）、ある意味、スポーツというより水中観光旅行の色彩が強い遊びでした。それが、１９９０年代に入ってデジカメが普及すると、撮った写真をすぐにチェックできるようになって撮影がより面白くなったため、ダイバーが全員、水中カメラマンを目指し、スズメダイを専門に撮影したり、ジンベエザメやマンタ等のいわゆる「大物」を狙ったり、その楽しみ方はより「海中生物撮影」方向に進化しました。

それでも２０１０年頃までは、写真を他人に見せたくなるような珍しい海中生物を見つけるのが厄介な作業だったのですが、その作業も、スマホとＳＮＳのおかげで、格段に簡単になりました。今は、世界のどこの海に今

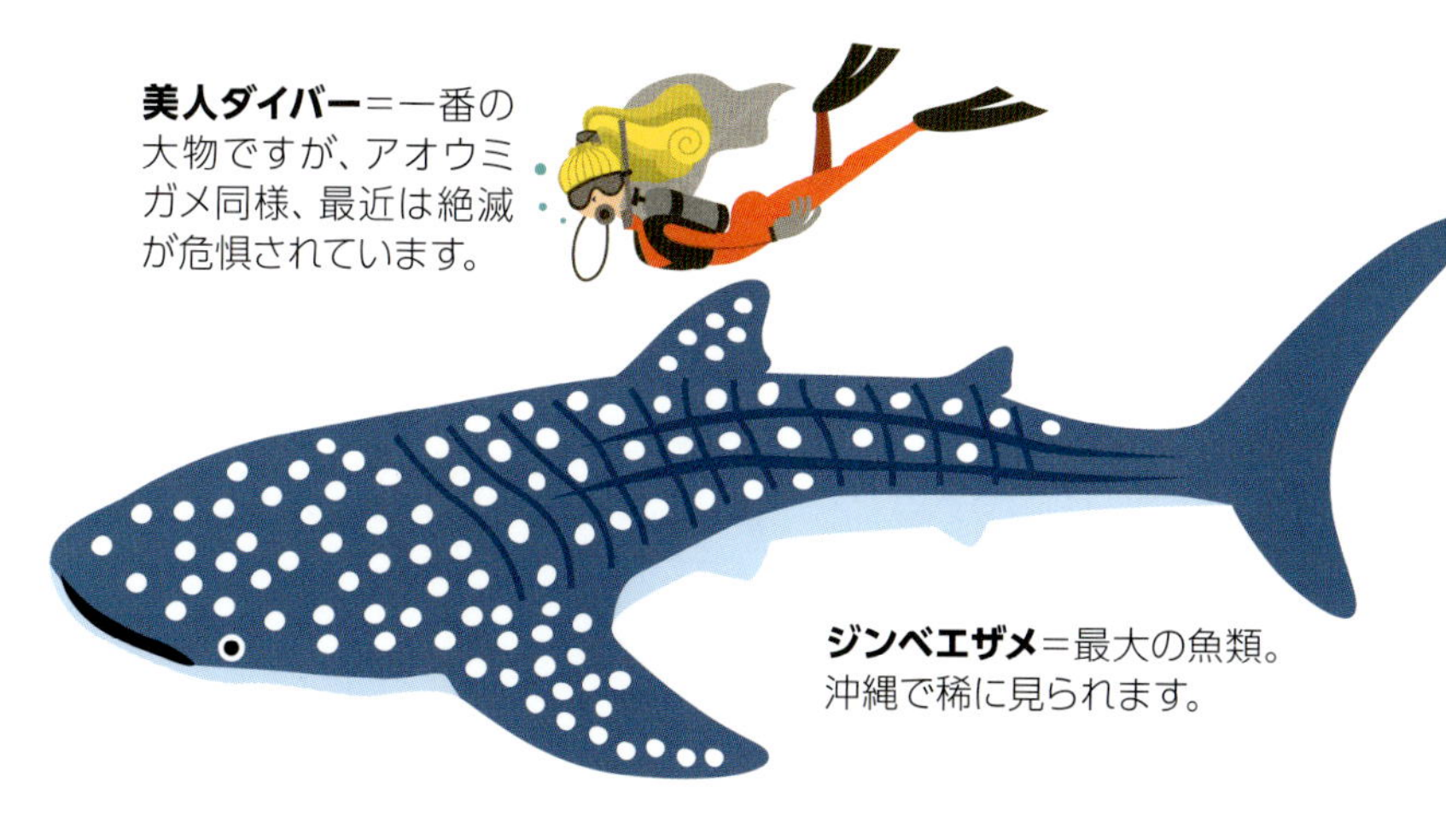

どんな魚がいるかという情報を、スマホでリアルタイムに取れる時代です。どこかの海のガイドがSNSに「今日、○○でキシマハナダイを見た」とアップすれば、数時間後にはその魚の前に行列ができると言います。

美人ダイバー＝一番の大物ですが、アオウミガメ同様、最近は絶滅が危惧されています。
ジンベエザメ＝最大の魚類。沖縄で稀に見られます。

また、ことさら珍しい魚を狙わなくても（たとえばハゼのような平凡な小魚でも）、4Kカメラで正面から撮れば、正方形のインスタグラムの画面上では十分に映えますし、そのうえ背景にカラフルな海綿なんか入れ込んだりした日にはもう、「いいね！」の嵐。ですから、今どきのダイバーは、昔みたいにあちこちを泳ぎ回ったりせず、お目当てのハゼが絶好のカメラアングルに入るまで、前でタンク1本分（時間にして30〜60分）待ちつづけることもしばしばと聞きます。

え、何？　自分はせっかちだから、海の中

でそんなに待ってはいられない？　でしたら王さまは、岩にくっついて動かないイソギンチャクやホヤ等のいわゆる「**生えもの**」を狙われてはいかがでしょう。「生えもの」をバカにしてはいけません。きちんと照明を当ててアップで撮れば、これまた十二分にインスタ映えいたしますから。

スクーバ・ダイビングはサーフィンと違って、揃えなければならない道具がたくさんございます。ざっと思いつくだけでも、レギュレーター（タンクの高圧空気を人間が吸えるようにする自動空気調節器）、オクトパス（予備のレギュレーター）、BCジャケット（中に空気を入れて浮力を調節するもの）、ゲージ（残圧計、水深計・コンパスが一緒になったもの）、タンク、ウエットスーツ、マスク、シュノーケル、グローブ、ブーツ、フィン、ウェイト……（53ページイラスト参照）。タンク以外は自前のものを使うのが普通で、これらをひっくるめると、昔は総費用が30万円をゆうに超えていました。が、最近は他のアウトドア・

きちんとライティングした「生えもの」の前にハゼを置いた典型的な「いいね!」写真。

スポーツ同様、器材がむちゃむちゃ安くなっており、**mic21**という全国展開中のダイビング用品店では、レギュレーター、BCジャケット、オクトパス、ゲージの4点セット（これらを重器材4点セットと言います）を6万〜7万円で売っており、全部揃えても10万円ちょっとですむようになっています。

GoPro がスキー界やサーフィン界を席巻しているように、最近、スクーバ・ダイビング界を席巻しているのが、オリンパス社製の**TG-Tracker**という防水カメラです。このカメラは、GPS、気温（水温）、気圧（水圧）、方位、加速度の5つを検知するセンサーを内蔵し、撮影時の水深や水温を記録できる優れもの。

最近はログブック自体が**ダイビングログ**というアプリになっているので、今どきのダイビングは、TG-Tracker で撮った写真をWi-Fiで飛ばし、iPhone でログブックをつけ、さらにその画像をインスタに上げてコンプリート。ちなみに、iPhone は防水ケースが売られているので、iPhone そのもので水中

スクーバ界ではGoProよりも普及しているオリンパスの**TG-Tracker**。防水・防塵で、4K画像が撮影可能。オープン価格で、2万円台で購入可能。

写真を撮ることもできますが、さすがに命より大事なスマホを海に持ち込むのはダイバーも怖いようで、TG-Trackerで撮ったものを転送するのが一般的なようです。

ま

た、ここ数年、盛り上がっているのが、**テック・ダイビング**（＝Technical Diving）と呼ばれる、ハイテク潜水装置を使ったダイビングです。

テック・ダイビングはもともとは、洞窟とか沈没船とかいったアドベンチャーな場所に潜るために開発されたもので、たとえば、タンクが背中にあるとひっかかりやすいので身体の横につける**サイドマウント**とか、タンク中の酸素濃度を高めて長く潜っていられるようにする**ナイトロックス**とか、人間の呼気から二酸化炭素をとり除き、酸素を補って再利用する循環式呼吸装置**リブリーザー**とかいった技術がありますが（54〜55ページイラスト参照）、最近、海外では、こうした装置が普通のレジャー・ダイビングにもどんどん使われるようになっており、海外でこれでライセンスを取ってきたというダイバーも出始めています。

こうした最新テクノロジーが普及する反面、上級者の間では、1970年代以前のように、浮力調節のできるBCジャケットをつけず、自分の肺のトリミングだけで浮力調節をするのが流行っていたりするのも（スキーのときにお話しした「パウダー8」と同じ類いの尊敬が得られます）、スクーバ界の成熟の証しと申せましょう。

もう一つ、近年のスクーバを大きく変えたのが、**ロハス・ブーム**です。浮力を海水と

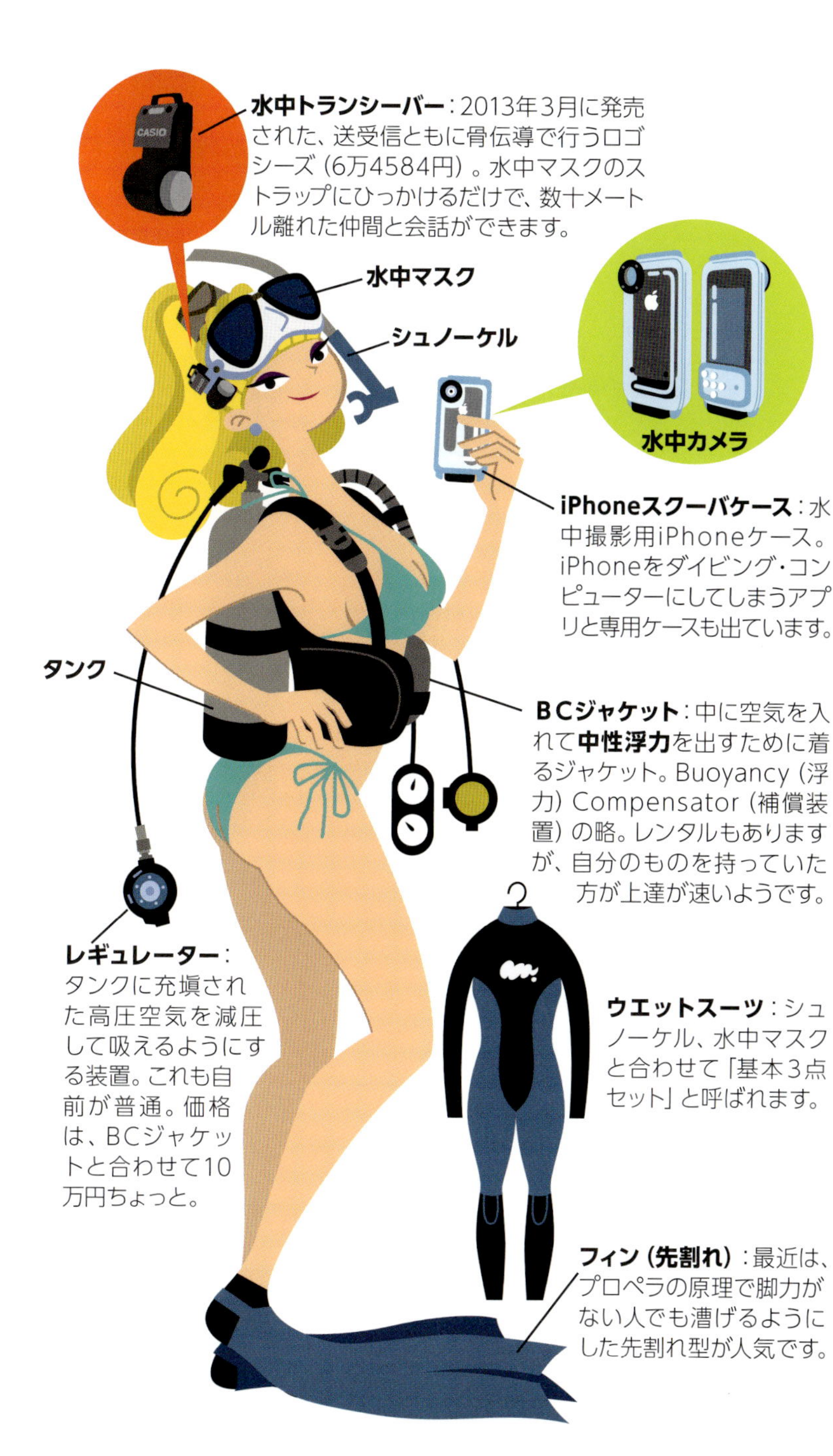

水中トランシーバー：2013年3月に発売された、送受信ともに骨伝導で行うロゴシーズ（6万4584円）。水中マスクのストラップにひっかけるだけで、数十メートル離れた仲間と会話ができます。
CASIO
水中マスク
シュノーケル
水中カメラ
iPhoneスクーバケース：水中撮影用iPhoneケース。iPhoneをダイビング・コンピューターにしてしまうアプリと専用ケースも出ています。
タンク
BCジャケット：中に空気を入れて中性浮力を出すために着るジャケット。Buoyancy（浮力）Compensator（補償装置）の略。レンタルもありますが、自分のものを持っていた方が上達が速いようです。
レギュレーター：タンクに充填された高圧空気を減圧して吸えるようにする装置。これも自前が普通。価格は、BCジャケットと合わせて10万円ちょっと。
ウエットスーツ：シュノーケル、水中マスクと合わせて「基本3点セット」と呼ばれます。
フィン（先割れ）：最近は、プロペラの原理で脚力がない人でも漕げるようにした先割れ型が人気です。

サイドマウント
背中にタンクを背負う従来のスタイルよりローリングしにくくバランスがよい、首を上げたとき後頭部にバルブが当たらないなど、メリットがたくさんあります。

同じにして（これを**中性浮力**と言います）海の一部になった感覚を味わうスクーバ・ダイビングは、自然と同化して生きるロハスでエコな生活と通じるものがあり、ロハス指向の人々の注目を集めるようになりました。

そうした傾向を反映して、最近のダイバーは昔に比べ、マジメに自然のことを考えています。水中の生物は、捕るのも触るのもNG。それぞれのエリアで、ダイビング組合がルールを作り、生物に負担をかけないよう気を配っており、スポットによっては、ダイバーが手をついてサンゴを虐殺することがないよう（一度壊すと、元に戻すのに4〜5年はかかります）、グローブをつけることを禁止しているところすらあります。

ス

クーバ・ダイビングをやるためには、**Cカード**（Certification Card の略）と呼ばれるライセンスが必要です。このカードは、**PADI**とか**NAUI**とかいった民間のダイビング指導団体が、一定の技能教習を修了した者に発行する一種の「技能

リブリーザー
こちらも、泡が出ないので水中生物に警戒されない、普段聞けない音も聞くことができバディともある程度話ができる、などのメリットがあります。

認定カード」で、法的な拘束力はありませんが、これがないとタンクを借りられなかったり、スポットによっては海に入れなかったりします。Cカードには団体によって色々なランクがありますが、どの団体も、いちばん初歩的な入門レベルのカードを取得するには、学科、限定水域（プールないし足のつく海）での講習、海洋教習と、計3日が必要で、料金は大筋5万円前後でございます。

　昨晩までにお話しした通り、バブル期に流行ったレジャー・スポーツは、どれもバブル崩壊後は参加人口が壊滅的に激減しましたが、実はスクーバだけは、ロハスと円高のおかげで、他のスポーツほど参加人口が減りませんでした。Cカードの年間発行枚数は、フランス映画『**グラン・ブルー**』のヒットでスクーバ人口が激増した1989年が6万枚前後だったのに対し、2016年でも4万3千枚前後。バブル期には8ダイブ付きで25万円くらいしていたセブやパラオへのダイビング・ツアーが、リーマン・ショック後は15万円前後まで値下がりしたため、逆に、海外のきれいな海で潜ろうとする意識高い系ダイバーが増えていると言います。

それでもスクーバが前より廃れたように感じるのは、都心のプールで講習を行い、スポットへのガイド付きツアーを企画して参加料を稼ぐ「都心型」スクーバ・ショップが激減したから。その代わり、今、勢いがあるのは、スポット近くの海辺に店を構え、訪れるダイバーにタンクを貸す「現地型」ダイビング・ショップです。

そういう店でタンクだけを借りるダイバーはまずいなくて、店主催のガイド付きビーチ・ダイブに参加するのが普通。珍しい魚を撮ってインスタに上げるためには、ガイドの案内が不可欠だからです。ガイドも、そうした需要に対応するため、海中生物にどんどん詳しくなり、学者顔負けの専門知識を持つようになっています。Cカードも、今は海辺に3泊して、現地で取ってしまうのが多数派。地方店を、ネットで簡単に捜して予約できるようになったのも、今の「現地型」ショップ隆盛の原因と申せましょう。

考えてみれば、日本は世界第6位の海岸線の長さを持つ海洋国。世界的にも、スクーバが屈指に盛んなダイバー天国です。たとえば、「ダイビングは伊豆に始まって伊豆に終わる」と言われる伊豆・**大瀬崎**では、6月は体長1メートルを超えるアオリイカの生殖、8~9月は黒潮に乗ってやってきたカラフルな南方系の魚、冬は浅い海に上がってくる深海魚（大瀬崎が面する駿河湾は最深部が2500メートルもあって、深さは世界随一です）と、四季ごとにさまざまな魚を見ることができます。

また、東京から直行便が飛ぶ宮古島や石垣島は、飛んだその日のうちに潜れる上、透明度も抜群。「透明度世界一」と言われる沖縄の慶良間列島には、韓国や中国から大量のダイバーが押し寄せています。日本の海は南北に長い分、変化に富んだスポットが揃っているのです。

しかも、ダイビングは年齢や体重に関係なく、高齢者でも若者と同じようにできるスポーツ。リタイアしてから始

リボン川崎のスクーバ・ダイビング講習用プール
1988年に西武が川崎駅前のビルの9・10階に作ったスポーツ・クラブ「**リボン川崎**」内のスクーバ・ダイビング講習用プール。全長7m、水深3.8m。現在は「コナミスポーツクラブ川崎」となり、ダイビング用プールは廃止されています。バブル期には、渋谷ロフトや後楽園など、ダイビング講習用のプールが都心のあちこちに作られていました。

める人も多いと聞きます。王さまも、本気で始められてはいかがでしょうか。
おや、空が白んでまいりました。今宵許された物語はここまでといたします。
明日、お聞かせするお話は、今宵のものより、もっと心躍りましょう。

ゴルフ

GOLF

第４夜は、ゴルフのお話です。ゴルフは、昨晩までにご紹介したスポーツとは性格が異なります。スキーやサーフィンやスクーバは、やっているところをインスタに上げただけで「いいね！」が貰えますが、ゴルフは、やっている人の大半が、ファッションもスイングも絶望的に不細工なオッサンなので、一般人の目にはイケてるスポーツに見えず、「インスタ映え」の「映え」の要素がまったくありません。ですから王さまがゴルフをしている写真を上げても、まず「いいね！」は貰えません。

一方、若い女子がゴルフの写真をインスタに上げると、たいしてかわいくなくても、すぐにオッサンのフォロワーがついて、応援コメントやアドバイスが送られ、パンケーキの写真を上げたときとは比べものにならない数の「いいね！」が貰えます。オッサンがＳＮＳで70台で回ったとつぶやいても鼻持ちならないただの自慢話ですが、女子が70台で回ったらもう絶賛の嵐。スキー、サーフィン、スクーバでは、インスタは男の自己アピールのための道具だったのに対し、ゴルフのインスタは女子の道具なのです。

ですから王さまも、ゴルフでは自分の写真を上げるのではなく、お目当てのゴルフ女子を見つけ、彼女をフォローするところから始めてください。

もともとゴルフは、1日4万人が入る東京ディズニーランドより広い土地を、たった２００人で独占するバブルな遊び。が、プレー料金は、昔に比べるとムチャムチャ安くなっています。かつては平日3万円以上していたのが、今は平日８千円、土日でも1万5千円以下。そもそもバブルの頃は、会員権を持った者か、その連れでなければプレーできなかったのが、今は誰でもOK。プレー料金の高い韓国や台湾から、ゴルフをしに日本に来る旅行客も多いと聞きます。

これだけ安くなったのは、ゴールドマン・サックス系の**アコーディア**とローンスター系の**PGM**という2つの外資系グループが、バブル崩壊で潰れた日本の会員制ゴルフ場を、1990年代にまとめて買い上げ、誰でもプレーできる低料金の**パブリック**に変えたから。今は両社とも、外資が経営から手を引き、国産資本になりましたが、この2つのグループのゴルフ場が人気のツートップであることに変わりはございません。

プレー料金以外にも安くなったものはたくさんあります。たとえばクラブ。フェースに反発力の強い希少金属**チタン**を使ったドライバーは、90年代には1本40万～50万円し

#ゴルフ女子

#ゴルフ女子

#ゴルフ女子

「#ゴルフ女子」で検索すれば、約53万9千件の写真がヒットします。女子プロゴルファーもみんなアカウントを持っており、ゴルフウェアしか見たことのない彼女たちの私服を見ることができます。

ていましたが、今は量産が可能になったため、1本6万〜8万円。「型落ちモデル」や**中古クラブ**市場も活性化しており、クラブ全体の価格が急速にダウンしました。ウェアも同様で、ゴルフ・ブランドはどこも、従来より3〜4割安いアウトレット専用の商品を開発しており、最近は、ゴルフ帰りに軽井沢・御殿場・木更津・佐野・藤岡といった郊外型アウトレットに立ち寄って、安い商品を買って帰る賢いゴルファーが増えています。

進化は、安い方向だけに進んだわけではありません。最近のゴルフ場は、フロントでカードを提示するだけでサインレスでチェック・インできたり、ポイントが貯まって料金が安くなったりと、より便利になりました。スコアのアプリ化は5〜6年前から進んでおり、平均パット数とかパーオン率といったデータから、GPSを使ったコースの攻め方まで、すべてスマホで見ることができます。また、ゴルフ場関係のネットは「おひとり様」に対するケアがハンパでなく、仲間のいない独り者がゴルフをしようというとき、一緒に回る初対面の仲間をすぐに見つけられる**1人予約ランド**というサイトが人気を呼んでいます。

さらに、千葉県市原市の**ブリック&ウッドクラブ**のような**スルー・スタイル**のゴルフ場も誕生。「スルー」とは、昼休憩をはさまず、18ホールを一気に回ってしまう海外では当たり前のスタイルのことで（9ホール回ったら45分の昼食休憩をはさむのは、日本だけです）、ブリック&ウッドクラブはシステムだけでなく、クラブ・ハウスやレストランの造りもすべてアメリカ風で、若い女性に人気を呼んでいます。

道具の技術的な進化にも触れておかなければなりますまい。さきほど申し上げた通り、近年、ドライバーのフェースは、ステンレスからチタンに変わってきましたが、ステンレスは重いので、ヘッドの容積は最大180ccが限界だったのに対し、チタンは軽いので、ヘッドをどこまでも大きくすることができ、一時は500ccを超えるまでに巨大化（2004年から460cc以下に制限されています）。ヘッドを大きくすれば、それだけスィート・スポットが大きくなるわけで、ステンレス以前の柿(パーシモン)の木のフェースのスィート・スポットがボタン1個分の大きさだったのに対し、現在のチタンは500円玉くらい。その分、初心者でも打ちやすくなったわけです。

『ブリック&ウッドクラブ』は、プール、テニスコートから、バーベキュー・テラス、ウェディング用チャペルまでを備えた、日本では珍しいアメリカ風のカントリー・クラブ。
☎ 0436-98-1330
千葉県市原市山口

可変式ドライバー
レンチでボルトを操作することで重心が変えられます。シャフトも取り替えられるものが増えています。

また、最近は、ヘッドに埋め込まれたボルトをレンチで調整することで重心を自由に変えられる**可変式ドライバー**が普及していて、今や各社の主力ドライバーの半数はこれ。このタイプのドライバーは、レンチでボルトを回すときカチャカチャと音がするので、ついたアダ名が「**カチャカチャ**」。最近の練習場では、ボールを打つ音より、ドライバーを調節するカチャカチャいう音の方がうるさいくらいだそうです。

一方パターは、奥行きが長い**変形パター**が全盛。奥行きの長い（すなわち、重心から遠いところが重い）パターは、**慣性モーメント**が大きいため、フェースが左右にぶれずに正確に打てる上、視覚的にも打球ラインに合わせてバック・スイングができるので、まっすぐ打てるという利点があります。

ウエアは、男物は、1996年に**ナイキ**のキャップをかぶった**タイガー・ウッズ**が登場して以来、ナイキをはじめとしたスポーツ・ブランドがダサいオッサン・ウェアを駆逐していましたが、タイガー・ウッズが不倫して妻から逃げる途中に交通事故を起こしてからはナイキがダサくなってしまい、オシャレ・ゴルファーは、機能はゴルフ向けなのに街場で着ても違和感のない普段着っぽいトラッド・テイストのウェアに移行しました。最近は、スニーカーの**ニューバランス**や、スウェットの**チャンピオン**がゴルフ・ウェアに参入し、小平智プロが契約している**アドミラル**や、今平周吾プロの**アンパスィ**などと合わせ、アメリカン・カジュアルな方向が人気です。但し、こうしたアメリカン・カジュアルを着られるのは、40代が上限で、それより上のオッサンには、全方位のウェアが揃った**キャロウェイ**が無難でしょう。

一方、女子のウェアは、会社には到底着て行けないような、パンチの効いた色遣いの服（その方がグリーンに映えるので）をコスプレ感覚で着るのが今風。方向は真逆

▶ニューバランス
1906年にボストンで創業された靴メーカー

◀チャンピオン
1919年にニューヨーク州で創業されたスポーツウェア・ブランド

いずれも、2017春夏物からゴルフ・ウェアに本格参入。チャンピオンはカジュアル指向で、ニューバランスはスポーティー指向だそうですが、カジュアルとスポーティーがどう違うのかよくわかりません。

ながら、どちらもファッション性はより高まっています。

これだけ色々なものが安くて便利でオシャレになったからと言って、若いゴルファーが増えたわけでは決してありません。日本のゴルフ人口は2001年まで1300万人台をキープしていましたが、その後は、雪崩を打つように減少し、2016年には半分以下の550万人になってしまいました。

今日のゴルフを支えているのは、団塊の世代と、子育てが一段落した元「オヤジギャル」で、若者の新規流入は、サーフィン同様ほとんどゼロ。ゴルフ界では、今のゴルフ人口の中核を担っている60代の団塊の世代が、2025年には全員後期高齢者（75才以上）に達し、日本のゴルファーが消滅してしまうのではないかという、「**2025年問題**」が懸念されています。

特に減少著しいのが若い女性ゴルファーです。確かに「#ゴルフ女子」で検索すれば53万9千件の画像がヒットしますが、若いゴルフ女子は100%インスタをやっているので、考えてみたらゴルフ女子は550万人のうちの53万9千人。全体の10%に過ぎません。

その上、残された数少ない女性ゴルファーは、女だけでゴルフに行き始めています。「#ゴルフ女子」の画像の大半は女子だけで撮ったもの。女はコミュニティを作るのが上手いので、すぐに仲間を見つけ、女同士でラウンドし、好きなタイミングでファッション写真やスイング動画を撮ってSNSに上げています。ゴルフ女子たちは、せっかちなオッサンに気を遣って回るより、その方がずっと気楽で楽しいと、口を揃えて言います。
　数が少ない上に男を避ける習性を持ったゴルフ女子を、インスタの「いいね！」をキッカケに確実に釣り上げる腕を持っているのは、加齢臭も内臓脂肪もない30代前半のイケメンの医者・弁護士・外資系証券マンたち。彼らは王さまの強敵です。前述の「1人予約ランド」に「女性・28才・独身」のラウンド希望が上がると、数秒でほかの3人が決まってしまいますが、その3人は全員こいつらです。20代でゴルフをやるいい女は、ほとんどすべて奴らにかっさらわれているのが現状です。

彼らの手から20代の女子ゴルファーを奪うのは、容易なことではありません。そのためには、そんじょそこらのゴルフ場に誘った

女子に人気の**スコッティ・キャメロン**の花柄デザインのパター、**マイガール・シリーズ**。スコッティ・キャメロンは1962年生まれのアメリカのパター専門職人で、1991年から自分の名前のパターを製作。現在、ツアープロの4割が使用しています（次ページ参照）。

のではダメ。東京近郊なら、**霞ヶ関カンツリー倶楽部**や**小金井カントリー倶楽部**のような超名門。それが無理なら、前に申し上げた千葉のブリック＆ウッドクラブか、茨城の**イーグルポイント**（サマンサタバサ主催のトーナメントが開かれるので、女はみんな知っています）、あるいは君津の南の**ブリストルヒル・ゴルフクラブ**（クラブハウスの『**AWキッチン**』の朝食の卵かけご飯が女性の間で人気）といった、写真を上げるだけで「いいね！」が貰えるクラブにしてください。

その意味で今鉄板なのは、2016年暮れに千葉に誕生した**東京クラシッククラブ**でしょう。このハイソなカントリー・クラブは、ゴルフ以外に、乗馬コース、陶芸教室、農園、グランピング場まで揃えていて、このご時世に会員制。会員募集金額は1850万円で気の遠くなる額ですが、ゴルフの世界にはこれくらいの額は屁でもないという金満家が大勢いるのですから、しかたありません。

また、ゴルフ女子の誰もが憧れているのが、松山英樹も石川遼も使ってる**スコッティ・キャメロン**のパターです（前ページイラスト参照）。安くても5万円台、限定モデルなら100万円近くするこのパターを普段使いし、彼女が「すご〜い！　スコッティ・キャメロンですね」と食いついてきたら（必ず食いつきます）、ゴルフバッグに入れておいた彼女の身長に合わせたスコッティ・キャメロンを1本抜き出し、「貰い物だけど、よかったらあげるよ」とプレゼントするのです。新品をラッピングしてありがたそうにプレゼ

最近定着している、軽くてスニーカーっぽいスパイクレス・シューズ（イラストは、アディダスが出しているアディゼロ）。

日本のゴルフ市場は、ファッション化が著しく、今では道具よりウェアの方が売り上げが大きいほど。女子のウェアは**パーリーゲイツ**の独り勝ちで、グリーン映えする華やかな色を、コスプレ感覚で着るのが主流。

ントするより、この方がよほど効果があります。

え、何？　そんな金があれば苦労はない、ですって？　王さま、ご心配なく。30代前半のイケメンの医者や弁護士には弱点があります。それはプライドです。彼らはプライドが高すぎて、顔のいい女子にかしずくことができません。顔のいい女は若い医者や弁護士よりさらにプライドが高いので、多少顔が悪かろうが太っていようが、自分に執事のようにかしずいてくれる男を選ぶ傾向にあります。そこを突くのです。そこで、締めくくりに、プライドを捨てて女子にかしずき、ゴルフデートやゴルフ合コンで顔のいい女にモテる「執事式ゴルフ」のコツ10ヵ条をお教えしましょう。

❶まず、彼女のお迎えですが、これは当然クルマで行かなければなりません。自家用車がな

ハワイのゴルフ場でラウンドするとタダで貰えるバッグ・タグは最強のモテ・アイテム。左からマウイ島の「**カパルア・ゴルフクラブ**」、同じくマウイ島の「**マケナビーチ&ゴルフリゾート**」、オアフ島の「**コオリナ・ゴルフクラブ**」のもの（75ページ参照）。

ければ、カー・シェアリングで構いません。重要なのは、必ず彼女の家の前まで行ってあげること。「大通りまで出て待っててね」は絶対厳禁。重いゴルフバッグを担いで彼女を大通りまで歩かせては絶対になりません。

❷ゴルフ場には、必ずプレー開始の45分前には着いてください。ゴルフ場までの所要時間が90分として、8時半スタートなら、彼女のピックアップは6時15分。こんな早朝だと、彼女は100%朝食を食べていません。ですから彼女をクルマに乗せて王さまが最初に口にすべき言葉は「朝食、どうする?」です。このとき、必ず「早めに行って朝食をクラブ・ハウスで食べない? ご馳走するよ」とおっしゃってください。クラブ・ハウスの朝定食は2千円超なので、女は普段の女子ゴルフでは、朝食をコンビニで買って車内で済ませています。この提案は、彼女のテンションを上げること請け合いです。

❸コースに出たら、言い訳は禁物。プライドの高いゴルファーほど、「ゆうべは寝てない」「最近肩をやっちゃって」「クラブを替えたばかり」等々、余計な言い訳をするもの。女たちは、そんな言い訳を一年中聞かされ、辟易としています。ミスったら、「きょうはこういう日か」と言って、潔くあきらめた方がよほどスマートです。

❹デート・ゴルフでは、自分もいいスコアを出そうなどという邪念は最初から捨ててください。王さまはゴルフの国の親善大使となって、「女子にゴルフを好きになって貰うこと」を唯一の目的としてプレーしなければなりません。ムキになって距離を歩測したり、

レーザー距離計で測ったりするのは厳禁。飛ぶボール、飛ぶクラブ、飛ぶティー等も、男同士で回るときは結構ですが、女性とのゴルフ・デートでは使わない方がよいでしょう。女たちは、1メートルでも飛ばしたいというオッサンの普段の努力を冷ややかな目で見ていますから。

❺一番注意しなければならないのは、カートの使い方です。カートのリモコン操作は、王さまのようなオッサンに任されるのが普通ですが、オッサンはみんなせっかちなので、手前の女性のボールなんか気にせず、先まで飛んだ自分のボールのところまでカートを進めがち。でも、そんなことをしたら、女性はクラブを担いで自分のボールの場所まで走らなければなりません。カートは女性のボールの位置に停め、男がクラブを何本か持ってさっさと歩く。これが正しい姿勢です。

❻女性ゴルファーは常に「迷惑をかけてはいけない」というプレッシャーの中でプレーしています。たとえば、彼女がボールをバンカーに入れてしまい、焦りのあまりなかなか出せない、やっとの思いで、出したらあらぬ方向に飛んでいってしまった、後ろからは次のパーティーのせっかちを4乗したオッサン4人組が迫っている、でも、マナーとしてバンカーの砂は均(なら)さなきゃならない——そんなときは、「いいよ、上がって。バンカーはボクが均しておくから」と、ひと声かけてあげてください。そうした細かい気遣いこそが、ゴルフでモテる最大の秘訣でございます。

カートの操作を任された男性は、カートを自分のボールではなく、女性のボールの近くに停め、グリーン周りでは、自分がパターを取りに行ったついでに女性のパターも持って行く——こうした気遣いがモテ・ゴルファーの最大の秘訣です。

【4スタンス理論】

スポーツ整体「廣戸道場」の主宰者・廣戸聡一氏が提唱した、足裏の重心の位置で身体の使い方の特性を4つのタイプに分けた理論。

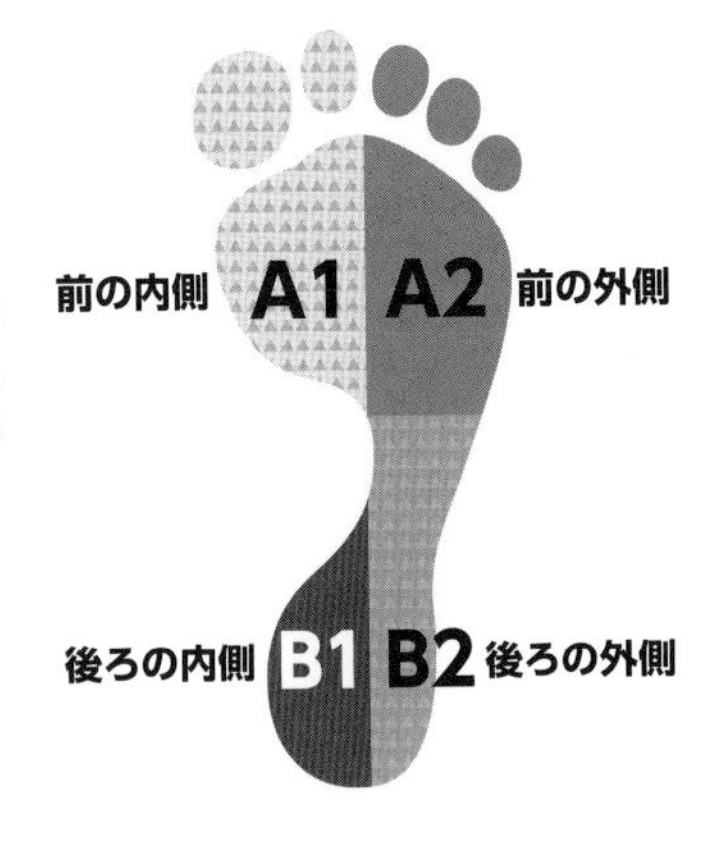

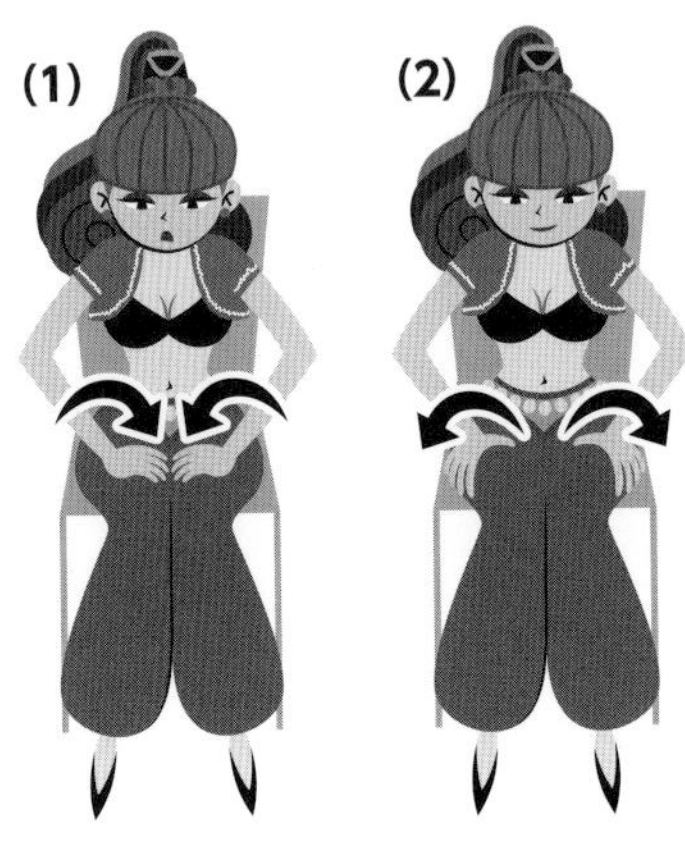

◀膝上の筋肉を掴み、全体を内側に絞りながら立ち上がって貰う。次に外側に絞りながら立ち上がって貰う。前者の方が立ちやすければ重心は内側寄り**(1)**、後者の方が立ちやすければ外側寄り**(2)**。

▼彼女の手首を掴んで引っ張る。次にヒジを掴んで引っ張る。手首を引っ張った方が踏ん張れる（バランスを保てる）という人は、重心は前寄り**(A)**、ヒジの方が踏ん張れる人は、重心は後ろ寄り**(B)**。

❼数年前、足裏の重心の位置で人間を4つのタイプに分類する「**4スタンス理論**」というのが流行りましたが、このテストを彼女にして、彼女がどのタイプだったとしても、「なんだ、ボクと一緒じゃないか！」と感心してみせてください。彼女に、「この人に教われば上達できるかも」と思わせることができる上、テストのついでにちょっとだけ彼女の手に触れることができます。

❽上級ゴルファーは、ゴルフ・バッグに、自分がメンバーになっているホーム・コースのタグをつけているのが普通。このとき最もハクがつくのが、海外のコースでラウンドするとタダで貰える、かわいいデザインのタグです。中でもオアフ島の**コオリナ・ゴルフクラブ**のテントウ虫と、マウイ島の**カパルア・ゴルフクラブ**の蝶々のタグは女子人気のツートップ（70ページイラスト参照）。かわいい小物でオッサン臭さを消す。これも重要な小技です。

❾プレー後で、覚えておかなければならないのは、男と女ではシャワーや風呂にかかる時間が違う、ということ。「30分後にフロント前集合」では、女性は濡れた髪を乾かすヒマもありません。「クラブ・ハウスでコーヒーでも飲んでるから、ごゆっくりどうぞ」とおっしゃるのが正解です。

❿女性をゴルフに誘う場合、食事代・交通費は男性負担、プレー料金は割り勘というのがデフォルトですが、もしも、王さまが彼女のプレー料金まで払ってあげた場合、彼

女は帰りの車内で、必ず財布から5千円札を取り出して、「全部払って貰っちゃって悪いから、高速代だけでも出します」と言って、王さまの胸ポケットにむりやりねじ込もうとします。でも、間違ってもこの5千円を受け取ってはいけません。これは罠です。受け取ったとたん、先の展開はなくなります。ニッコリ笑って「いいよ、こっちが誘ったんだから」と、拒絶なさってください。

ここまでやれば、王さまは完璧なモテ・ゴルファー。あとは夕食です。ゴルフの後に別の食事の約束を入れている女性はいません。夕食は必ず誘うべきです。美しいゴルフ女子とのステキなディナーをお楽しみください。

ゴルフの話はいささか長くなってしまいました。またまた夜が明けてしまったようです。今宵許された物語はここまでといたします。明日、お聞かせするお話は、今宵のものより、もっと心躍りましょう。

テニス

TENNIS

五

夜めは、テニスのお話です。

これまで、この国には幾度かの「テニス・ブーム」がありました。

最初のブームは１９５８年。当時の皇太子殿下が美智子妃と軽井沢のテニス・コートで出会われ、それにあやかろうと国中にテニス・コートが作られ、多くの中学・高校にテニス部が誕生したとき。

2度目は１９８０年代初め。打球面の大きなラケット、いわゆる**デカラケ**が登場してテニスがぐんと簡単になったとき。このときプロの世界は、コナーズ、ボルグ、マッケンローがしのぎを削る3強時代で、「POPEYE」や「Hot-Dog PRESS」などの若者向け雑誌がこぞってテニスをとりあげ、大学のキャンパスを意味なくラケットを抱えた学生が闊歩していました。

この2度のブームで、テニス人口は激増し、この国で最もポピュラーなレジャー・スポーツになったのでございます。

その後、２０００年代初めに、マンガ「**テニスの王子様**」のおかげでテニスが高校生の間でブームになり、高校のテニス部はコートが2面しかないのに新入部員が毎年１００人入部したりして、タイヘンな騒ぎになった時期もありましたが、残念ながら、テニス界はこのブームを活かせず、テニス人口の増加にはつながりませんでした。

その次にやってきたのが、「錦織ブーム」です。**錦織圭**選手が２０１４年9月の全米オー

試合にラケットを7～9本持ち込む錦織圭。ちなみに、今のプロ選手はスピードを求めてストリングを40ポンド台で張るのが普通だそうで、錦織選手も40～45くらいで張っているそうです（86ページイラスト参照）。

プンで、日本人選手として初めて決勝に進む活躍をしたおかげで、試合の中継権を持つ衛星放送WOWOWは入会者が急増。彼の獲得賞金（推定、年間5億円！）に目がくらんだ40代の親が子供にテニスを習わせ始めたため、ジュニアのスクールは入会が数ヵ月待ち。さらに、都道府県が主催するベテランの大会では、60才以上のダブルスのエントリー希望者が4～5倍に増えました（ダブルスの試合は、比較的運動量が少ないので、60代以上のお年寄りでも十分楽しめます）。

が、最初の2度のブームと、直近の錦織ブームとの間には、決定的な違いがあります。それは、直近では20～30代がまったく動かなかった、ということ。ああ、何ということでしょう！　今の日本の20～30代は、お金のかかる遊びは、何があってもしようとしないのでございます。テニス人口（1年に1度でもテニスをする人。含む軟式）は、1994年には1380万人だったのが、2014年には560万人。2015年は微増して580万人だったそうですが、持ち直したのは50～60代が再び始めたからで、20～30代の新規流入はまったくない、と関係者は口を揃えて言います。

まあ、それだけテニス人口が減っているわけですから、コートはガラガラ。コストも急激に下がっており、王さまが始められるのにはいいタイミングと申せましょう。

は、ここからは、テニスを始められる王さまのために、バブル期から今日までのテニスの進化をお話しいたしましょう。

で

まずウェア。1990年代に人気絶頂だったプロ・テニス選手、**アンドレ・アガシ**が、**ナイキ**のだぶだぶのウェアを着ていたため、同時期、日本のテニス・コートでは、全員がだぶだぶのウェアを着ていました。実際のところ、プロ選手でだぶだぶだったのはアガシだけだったのですが、そこは付和雷同する日本人の悲しさ、全員がアガシ一人のマネをしていたのです。今はだぶだぶ・ウェアは流行らず、スリムなシルエットのものが一般的。形より、汗を吸い取る等の機能の方が優先されています。一般には、女子は**エレッセ**、男子は**ディアドラ**――男女ともイタリア・ブランドが売れているようです。

そもそもプロ・テニスは世界の真夏を追いかけるスポーツ。1月末（南半球の真夏）の全豪オープンに始まり、6月の全仏、7月のウィンブルドン、8月の全米と、メジャー4大会はすべて夏の盛り。コートの照り返しもハンパでなく、これほど汗をかくスポーツは他にありません。従って、今は、テニスウェアの下に、吸湿性の高い**ユニクロ**の機能性衣料・エアリズムを着る人もいるほど。

ちなみにそのユニクロは、錦織圭、フェデラーとウェア契約をしていますが、日本では売る気がないらしく、テニス・ウェアを扱っているのは銀座店とオンラインくらいのもの。実は、これは他のブランドも同じで、たとえばナイキも、ナダルと契約していますが日本では本気で売る気がなく、量販店にはほとんど置いていません。

日本の市場はもはや小さすぎて、テニス業界からはほとんど無視されているのです。

ちなみに今のアガシはこう

アンドレ・アガシ(1970〜)は、4大大会で優勝8回、準優勝7回の名選手。だぶだぶウェアで有名でした。

松岡修造(1967〜)は、1995年のウィンブルドンで日本人男子として62年ぶりにベスト8に進出。ぴたぴたウェアで有名でした。

次は、ラケットです。最近のラケットは、誰でもパワーのある球を打つことができる**カーボン**製が主流。世界では**ウィルソン**（米）、**ヘッド**（米）、**バボラ**（仏）がトップ3ですが、日本ではここ数年、バボラの独り勝ち状態でした。バボラはもともとはガット（今のテニス・プレーヤーはみんな**ストリング**と言います）の会社で、1994年からラケットにも参入。ウィルソンやヘッドのプロ・モデルは素人には楽には使いこなせないのですが、バボラは、素人がプロ・モデルをプロと同じように打てるので人気なのだと言います。

が、2014年末からは、打ちやすい打ちにくいに関係なく、錦織圭が使っているウィルソンの**BURN**というラケットが売れ始め、バボラの王座を奪ってしまいました。ウィルソンでも、他のラケットはまるで売れておらず、錦織モデルだけが人気だと言います。

錦織圭が使ったことで人気No.1に躍り出た**ウィルソン**の**BURN95**。

かつて日本市場では独り勝ち状態だった**バボラ**の**ピュアドライブ**。

日本人って、ホントにミーハーなんですね。

カーボン製ラケットは、昔のラケットに比べるとフレームがしならないので、ストリングの負担が大きく、よく打つ人は1日1本はストリングを切ってしまいます。そのため、昔のショップはラケット販売で食べていましたが（昔はそれだけ新規参入者が大勢いたのです）、今はストリングの張り替えが最大の収入源。どの店も、ラケットは20本くらいしか置いていないのに、ストリングは60種類くらい揃えています。

ストリングの昔の呼び名である「ガット」の語源は「羊の腸」。その名のとおり、昔は羊の腸で作られていました。今は、羊が不足気味なので牛の腸が使われ、そうした天然素材のストリングは、**ナチュラル**と呼ばれています。ナチュラルは、ボールが当たるとストリング全体がたわむ感じで、打球感が柔らかく、おまけに摩擦係数が高いのでスピンがかけやすいのが特徴。但し、値段は、ラケット1本分で8千円前後と高く（これにプラス、張り替え料が2千円近くかかります）、しかも切れやすいのが難点。

一方、ナチュラルに対して、ナイロン、ザイロン、ポリエステル等の化学繊維のストリングは、**シンセティック**と呼ばれます。こちらは値段は1本分が2千円前後と安価な上、切れにくいのが特徴。シンセティックは、昔はナイロン一辺倒でしたが、ポリエステル製のストリングを使う**グスタボ・クエルテン**というブラジル選手が、ATPランキングで1位となり、それを見て、フェデラーをはじめ多くのプロ選手がとり入れたことから、

2000年代後半に一気に普及。今では男子プロは100%、女子も約60%がポリエステル製ストリングを使っています。

ポリエステルのストリング（通称「**ポリ**」）は、ボールが当たってもたわむのは部分的。そのため、打ったときの衝撃が強く、打球感が硬いのですが、強いボールをコントロールよく打てるのが利点。しかも、このストリングは、ナチュラル並みにスピンがかけやすく、ポリの登場で、コートのサイドに凄いスピードのスピンしたボールを打てるようになり、テニスが変わったと言います。

ところで、ストリングは、タテ方向に張った糸が性能の8割を決めると言います。タテのストリングが「**メイン**」と呼ばれるのはそのためで、それに対して、横のストリングは「**クロス**」と呼ばれます。錦織圭選手は、メインにナチュラル、クロスにポリを張っていますが、これは、ポリだけだと衝撃が強過ぎるので、衝撃を柔らかくするため。彼はヒジや手首を痛めているので、負担に気を遣っているのです。

で、ここからが重要な話ですが、ポリは耐久性は高いけれど、使っているうちにどんどん伸びてしまうのが難点。それに対し、ナチュラルは、切れやすいものの、なかなか伸びないのが特徴。錦織選手のように、伸びやすいポリと伸びにくいナチュラルを同じラケットに張っていると、打っているうちに打球感がどんどん変わってしまいます。そのため、錦織選手は、試合に10本近いラケットを持ち込み、試合中、ボールチェンジ（7

テニス・ウェアの主流は、女子は**エレッセ**（80年代に人気でしたが、最近、かわいい系で盛り返しています）、男子は**ディアドラ**（小ロットなので、他人とかぶらないのが魅力です）。ファッション・リーダーのシャラポワは**ナイキ**のワンピースを着ていたので、アメリカでは婆さんもシャラポワ・モデルですが、日本人はなぜかワンピース嫌いで売れていません。

ラケット・バッグは背中に背負うタイプが人気。一見子供っぽいようですが、むしろこの方がプロっぽい感じです。

〜8ゲームごと）のたびにラケットを換えています。王さまも、同じラケットを何本も持ち、5ゲームくらいしたところで首をひねり始め、ボールチェンジのたびにラケットを換えれば、超上級者の雰囲気を出すことができますよ。

シューズは基本、**アディダス**とナイキが人気です。こだわる人は、機械で足形を測定し、その人の足の形に合った靴を作ってくれる**アシックス**のカスタム・オーダー・シューズ（2万1千円〜）を履いています。人間の足は左右で大きさが違うのに、普通の靴は、無理に同じサイズを履かなければならないので、この方がずっと合理的と言えます。

ボールは、日本では**ダンロップ**が圧倒的なシェア。アメリカ人は2時間打ったらボールは捨てていきますが（これをやるだけでかなりお金持ちっぽい雰囲気が出せます）、日本人は何

ストリング張りはテニス・ショップの最大の収入源。張りの強さは「ポンド」で表し、ゆるく張ると（50ポンド以下）、ストリングが切れにくく、ボールも飛びやすく、スピンもかけやすいけど、コントロールがきかない。強く張ると（60ポンド以上）その逆、という特性があります。だいたい55ポンド前後が標準と言われています。

度も使うのが普通。そのため、日本人はフェルトのしっかりした耐久性のあるボールを好み、そういうボールは球足が遅くラリーが続きやすいため、その意味でも人気と言います。

コートは、日本で圧倒的に多いのは、**オムニ・コート**に代表される砂入りの人工芝（次ページイラスト参照）。1年に1回表面を塗り替えなければならないハードコートに比べ、砂入り人工芝コートは、メンテナンスが楽な上、球足が遅くラリーが続きやすいため人気で、ほとんどの公営コートはこれです（日本人ってラリーの続くテニスがホントに好きなんですね）。

最後にテニス・クラブ事情ですが、そもそもテニス・クラブは、広いコートに最大ダブルス4人しか入れられない、経営効率が極端に悪い事業。そのため、最近のクラブは、経営の主体を、一つのコートに10人詰め込めるスクール事業に転換しています。

スクールは1レッスンが80分〜90分単位で、料金は2千500円前後。ほとんどがインドアで、雨や日焼けの心配もありません。ボールはスクール側が用意してくれますし、常に誰かと打っていることができます。一方、コートを時間貸しで借りようとすると、たとえば品川プリンスホテルのインドア・コートで、土日・60分1面が1万5千円。世田谷の用賀あたりのクラブでも、1面5千円プラス1人あたり千円というのが相場。スクールに入った方がずっと安上がりと言えます。

都営『**有明テニスの森公園**』は、ハードコート16面、**セミハードコート**（左図）16面、**砂入り人工芝**（右図）16面の計48面（但し、2017年11月より大規模改修のため8面ハードコートのみで営業）。利用料は1時間1300円（土日祝は1600円）。隣の有明コロシアムでは、2020年五輪のテニス競技の開催も予定されています。

テニス・コートの景色はどこも大差ないので、テニスはインスタ映えのしないスポーツと思われるかもしれませんが、ハードルが低いスポーツなので、気軽に女子を誘えるというメリットがございます。テニスで「いいね！」を貰おうと思ったら、短いスコートをはいて脚をむきだしにしたスタイルのいい女子と一緒に写真に写るに限ります。なんたって、若い女の生脚は最強の「いいね！」アイテムですから。何でしたら、私がご一緒いたしましょうか。私、脚にはちょっと自信がありますから。

おやおや、また朝になってしまったようです。今宵許された物語はここまでといたします。明日、お聞かせするお話は、今宵のものより、もっと心躍りましょう。

＃6

キャンプ

CAMP

私はもともと隊商の娘。砂漠のキャンプ育ちなので、キャンプには少々うるさいのですが、最近日本でも、若い女性たちの間でキャンプが流行っていると聞きます。今宵は、キャンプのお話をいたしましょう。

バブル絶頂期の1988年、DAIGOのおじいちゃんが全国の自治体にバラ撒いた「ふるさと創生基金」の現金1億円を利用して、日本中に炊事場とトイレを備えたオート・キャンプ場が作られました。おかげで、1990年代の日本では、テニスやゴルフに代わり、安上がりなレジャーとしてオート・キャンプが大流行。ピークの1996年には、年間オート・キャンプ人口は1580万人を数えたそうでございます。

が、当時は、流行に乗って買ったコールマンのツーバーナー・グリルを箱のまま車に積んでキャンプに出かけた家族が、最後まで使い方が

オート・キャンプ場
日本では、キャンプ場以外の場所にテントを張るのは基本NG。クルマのすぐ横にテントを張れるオート・キャンプ場が全国に約1200ヵ所あります。利用料はワンサイト（1区画）1泊5000円が相場です。

わからず、箱ごとキャンプ場に捨てて帰るという笑えない光景があちこちで見られ、多くの日本人がキャンプの本当の楽しさに触れぬまま、懲りてしまいました。

やがて1997年以降、底なしの不況がこの国全体を覆うと、自動車が売れなくなり、それとともにオート・キャンプも下火に。それでも、アウトドア用のSUV（Sports Utility Vehicle）だけは比較的よく売れつづけているそうですが、SUVを買った人がアウトドアに行くとは限らないようで、結局この国のキャンプ人口は705万人にまで減少してしまいました。

そんなアウトドア界に、思わぬ方向から追い風が吹き始めます。その追い風とは**野外フェス**です。野外フェスの参加者は、会場にテントを張り、バーベキューをしてまったり過ごすのが普通ですが、フェスでキャンプの楽しさを知った女子たちが、フェスと関係なく、休日にキャンプを始めたのです。そんな「**キャンプ女子**」の参入のおかげで、キャンプ人口は2012年以降、毎年30万人のペースで増加に転じました。

彼女たちのキャンプの特徴は、テントの前にカラフルな風車を立て、上にお気に入りのラグをかけ、ロープから旗や瓶を吊るし、シートにクッションを並べ、テント周りをまるで自分の部屋のように飾っていること。料理も簡単なアウトドア料理ではなく、パスタ、ピザ、チーズケーキなど、自宅で作るような手の込んだものを作っています。

それと、もう一つの特徴は（これは女子とは限りませんが）、**ロースタイル**と言って、低いテーブルと低い椅子を使い、目線を焚き火の高さに合わせた低いポジションでキャンプを過ごすこと。10年前にアウトドア雑誌が提唱してから、このスタイルが一気に広まりました。

昔のブームのときは、キャンプに行っても、バーベキューをしてテントに寝て帰るだけ、という人が多かったのですが、今はキャンプ場側が、トレッキング、釣り、カヤック、ボルダリング、天体観測、バード・ウォッチング等、様々なアクティビティを主催しており、キャンプは、ただテントに泊まるだけではない、幅の広い遊びに進化しています。

キ

キャンプでの一番の厄介ごとはテントの設営です。慣れた人間が2人いれば、30分もかからない作業ですが、これが初心者には大仕事。幸い、キャンプ場には**管理人**という頼もしい人がいて、90年代の第1次ブームのときはどこのキャンプ場もできたばかりで管理人も素人が多かったのですが、今は20年の歴史を経てすっかりキャンプ通になっており、テントの張り方だけでなく、キャンプのイロハを教えてくれます。困ったら管理人に相談してみてください。

テントは、就寝用のひさし付き**ドーム・テント**と、食事をしたりくつろいだりするための**タープ**の2つを並べて張るのが普通。つまり、テントで、寝室＋ダイニングの1LDKを作るのです。最近は、外側が虫除けのためにメッシュになったダイニング用テントと、完全に布で覆われた就寝用テントを1つにつなげた**2ルーム型**テントも人気だそうです。テント（4〜5人用）の価格は、ドーム型が4万円弱、タープが1万5千円前後、2ルーム型が5万〜6万円ちょっと、といったところが平均でしょうか。

テントの布は昔は綿製でしたが、今は、軽さ・丈夫さ・耐水性に優れたポリエステル製が主流（しかも必ずUV加工！）。ところが、ポリエステルは耐水性がよすぎるため、内側に露がつくのが欠点。そのため、今どきのドーム・テントは、まずポールに**インナーテント**を吊り、その上から**フライシート**と呼ばれる布を張る二重構造になっています。インナーテントとフライシートの間に空気の層を作れば、露はフライシートの内側につき、テント内に垂れることは

ドーム・テントとは、カーボン製の2本のポールをクロスさせて支柱とし、布を持ち上げてクリップで留めるタイプのテント。別名「クロスポール・テント」。最近は秒速で建てられます。**タープ**（右上）とは、日差しや雨を防ぐための広い布。イラストは、ポール2本で建てられる上、最も見栄えがいい**ヘキサウィング型**。

ありません。もしもインナーテントだけで寝ると、翌朝、結露のため、中が雨漏りがあったと思われるほどビショビショになっているもの。世の多くのキャンパーは、テントが二重なのは保温のためと思っているようですが（そういう意味も確かにありますが）、本来の目的は結露防止。このことを知ってるだけで、上級者の感じが出せますので、ぜひ覚えておいてください。

【周辺便利グッズ（いずれもコールマン社製）】

LEDヘッドランプ
（あれば便利っていうか必需品）

コーヒードリッパー
（ペーパーフィルター不要です）

焚き火台

LEDランタン

周辺のキャンプ器具も、大きく進化しました。たとえば、昔のランタンは、燃料がガソリンでしたが、今は充電式の**LED**が普通。さらに最近は、三菱自動車のアウトランダーのように、走るだけで発電・蓄電できるPHEV車が出ていて、そこから電気を取れれば、LEDランプだけでなく、電子レンジでスープを温めたり、ドライヤーで髪を乾かしたり、オートキャンプでオール電化生活を送ることもできます。

また、キャンプの花形は何と言っても焚き火ですが、今は、地面での焚き火は芝生が傷むので、すべてのキャンプ場でNG。ステンレス製の**焚き火台**を使うのが普通です。上にダッチオーブンを載せても大丈夫というしっかりした焚き火台が各社から出ていますので、それをご利用ください。

焚き火台でコーヒー豆を焙煎し、豆をひいて、現地の水を沸かし、おいしいコーヒーを淹れて飲むのも、最近の流行の一つ。そのため、キャンプに、焙煎器・コーヒーミル・専用ドリッパーを持ってゆく人も増えています。

さらにここに来て、キャンプ業界を席巻しているのが、お金持ちたちが行うゴージャスな**グランピング**です。グランピングとは、「グラマラス」と「キャンピング」を合わせた造語で、その起源は、交通機関が発達し、「大旅行時代」が到来した19世紀のヨーロッパで、貴族が召し使いにルイ・ヴィトンの旅行鞄を運ばせ、アフリカの大自然の中で、優雅にキャンプを楽しんだこと、と言われています。

時は下って2010年、アメリカ西海岸のセレブの間で、結婚パーティーを屋外に豪華なテントを建てて19世紀の貴族のスタイルで開くことが流行り始め、それを見た**デビッド・トロヤ**という若者が、「**グランピング・ハブ**」というサイトを立ち上げ、グランピングの場所や用具を紹介したのが、今に至る流行の直接のキッカケです。

グランピングに欠かせないのが、**ノルディスク**です。ノルディスクとは、中央に支柱を1本立て、上から布をかぶせ、八方にテンションをかけて張る、設営にかなりの手間と技術が必要なデンマーク製の大型テントのこと。簡単に建てられる方向に進化した近年の**ドーム・テント**の流れには明らかに逆行するテントですが、内部は天井が高く広々としていて、ゴージャスなキャンプにはうってつけと申せましょう。

グランピングを具体的に定義するなら、❶ノルディスクのテントを使い、❷中にラグを敷き、❸一段高いマットで眠り、❹食事は必ず肉を焼く（なぜか肉と決まっていま

ドーム・テントは、インナーテントのスリーブ（ポールを通す穴）にポールを通し、グランドシートの上に建て、外側にフライシートをかぶせ、四隅にペグ（杭）を打って固定すればできあがり。タープは、2本のポールを、それぞれ隅にペグを打った2本のロープで固定し、間に布を張り、布の四隅をそれぞれロープで引っ張って、こちらもペグで固定すればできあがり。

ノルディスクは1901年創業のもともとは羽毛メーカー。1977年からテントを製造販売。2005年から今の名前に。マークは白クマ。価格は左の3〜5人用で16万5240円、下のタイプで18万3600円。天井に煙突用の穴があって、薪ストーブを持ち込めるものもあります。

す）、の4つの条件を満たしていること、になるでしょうか。

もともと、アメリカの富裕層の間では、大自然の中の絶景ポイントに環境に配慮したゴージャスな山小屋を建て、休日をそこで過ごすレジャー形態が定着していましたが、最近はこうした小屋がどんどんノルディスクのテントに替わっていると言います。

但し、本格的なグランピングは荷物がやたら多く、行こうと思ったらアート引越センターを雇わなければなりません。そこで日本では最近、寝間着以外、手ぶらで行ってグランピングを楽しめる施設が各地に誕生しています。走りは、2014年に三重県志摩市のオート・キャンプ場『**伊勢志摩エバーグレイズ**』（100ページイラスト参照）が開設した「グランピング・サファリテント」。このテント、1泊2名で5万円前後と、一流ホテル並みの料金ですが、雑誌で紹介されるやいなや、予約が取れない人気となり、1年後の2015年春には3棟を増設。これを見た各地のキャンプ場が、とにかく「グランピング」と銘打てば、客単価を倍以上に上げられることに気づき、2017年から続々と常設のノルディスク・テントを並べ始めました。

こうしたキャンプ場の動きとは別に、2015年10月末、全国に高級リゾートを展開している**星野リゾート**が、富士山の裾野の河口湖を望む丘陵地に、40室のキャビン棟とダイニング棟、それに、焚き火や燻製、ダッチオーブン料理を楽しめるテラスを備えたグランピング・リゾート『**星のや富士**』を開設。この施設は、ノルディスクのテントこそ使っていませんが、思想は完全にグランピング。各地のリゾートホテルも、この形態を真似したキャビンを建て始めました。

グランピング・ブームは都心にも波及しています。トヨタ、メルセデス等の自動車会社がブームに乗って、都心でイベントを開催。アウトドア用品メーカーのスノーピークは、2015年秋に、南青山の3階建てのビルの屋上に、ソフトハウスで覆ってソファーとクッションを配し、グリルした肉を出すオープンエアのレストラン、『**I・K・U青山**』を出店。その後も、下北沢の『**シモキタテラス**』を筆頭に、ビルの屋上でグランピング気分を味わえるバーベキュー施設が次々に誕生しています。

王さまも、興味をお持ちなら、一度キャンプにご一緒しましょう。私は隊商で鍛えられましたから、テントを建てる腕はプロ級です。行くなら、風が冷たくなった10月以降がよろしいかと存じます。少しくらい寒い方が、虫はいないし、空気が澄んでいて星がキレイだし、かえってキャンプは楽しいもの。私が寝物語に、ロマンチックな砂漠の星月夜の話をしてさしあげましょう。

さて、今宵許された物語はここまでといたします。明日、お聞かせするお話は、今宵のものより、もっと心躍りましょう。

『伊勢志摩エバーグレイズ』は、アメリカン・スタイルのオート・キャンプ場。様々なタイプの宿泊施設があり、カヌー、プールなどのレジャーも充実。
☎ 0120-592-364 三重県志摩市磯部町穴川 1365-10

＃７

ルアー・フィッシング

LURE FISHING

アウトドア・スポーツには、やっている写真をただインスタに上げただけで「いいね!」が貰えるものと、それだけでは絶対に「いいね!」が貰えないものとがあります。前者の代表がスキー、スクーバ、サーフィンなら、後者の代表はゴルフと釣りです。ゴルフも釣りも、ダサいオッサンがやっているため、カッコいいイメージがないからです。ほら、駅で売っているオッサン向けのスポーツ新聞には、昔からスキーやサーフィンの記事は載っていないけど、ゴルフや釣りの記事は必ず載っていますよね。ついでに言うと、他のページには競艇や風俗やパチンコの記事もあるでしょう。つまり、若者から見たら、ゴルフと釣りは、競艇や風俗やパチンコと同じジャンルなのです。

湖で擬似餌(=**ルアー**)を使って**ブラックバス**を釣るアメリカ生まれの**ルアー・フィッシング**(=**バス・フィッシング**)は、釣りの中では最もオシャレな部類ですが、それとて例外ではありません。

ルアーの釣り師は、SNSに写真を上げたとしても、釣りをしない人には絶対に見て欲しくないと思っています。釣りのインスタグラムは、あくまで同じ釣り人に向けて、釣果を自慢するためのもの。万一、間違って、素人にルアー・フィッシングの話をしてしまうと、会話が「ブラックバスって、在来種を食い尽くす悪い魚なんでしょ? そんな魚を放流するなんて感心しないなあ」と、ややこしい方向に行ってしまうからです。

実際に釣り人が見てるのは、インスタグラムよりもむしろYouTubeです。YouTubeには「**マスゲン**」「**秦拓馬☆俺達。**」など、人気のユーチューバー釣り師が何人もいます。中でも有名なのが、佐賀県の一軒家で4~5人の仲間が共同生活しながら素人が一流のルアー・フィッシャーになるまでの動画を上げつづけている「**釣りよかでしょう。**」です。彼らの動画は、再生回数100万超えを連発する、釣りの世界の最強コンテンツ。なまじの専門誌やBS釣り番組などよりはるかに多く見られています。

また、abemaTV の釣りチャンネルがときどき放送するルアー・フィッシングの大会の実況中継も、abemaTV 上ではプロ野球中継とさほど視聴者数が変わらないほど人気があります。釣りの様子を見ながらスタジオでだらだら喋っているだけの中継ですが、そのだらだら感が、ネットとは相性がいいのでしょう。

ルアー・フィッシングは、英国生まれの、昆虫

YouTube

人気釣りよかゲスト２人と鹿児島でのんびり船釣り!!
視聴回数　355,236回

釣り好きが九州で釣りを行う様子を配信している人気釣りYouTuber「**釣りよかでしょう。**」メンバーは、佐賀県にある「釣りよかハウス」という一軒家で共同生活をしながら、動画を配信。嵐の二宮和也や大野智もファンだそうです。

【代表的なルアー】

木、プラスチック、金属などでできたハード・ルアー（別名ハードベイト）と、合成樹脂製でグニャグニャ曲がるソフト・ルアー（別名ワーム）があります。このページの7点のイラストは、左上のワーム以外はすべてハード・ルアーです。

に似せた擬似餌（毛針）で川魚を釣り、釣った魚は必ず水に戻す**フライ・フィッシング**が、アメリカに渡って、独自の進化を遂げたもの。生きた餌を使った方がはるかに簡単な釣りを、わざわざ手作りの偽の餌でやろうというのも、苦労して釣った魚をすぐに逃がしてやるのも、いかにもゲーム好きな英国紳士らしいところ。英国のフライ・フィッシングの釣り師たちは、釣り場に着いたらまず、水面にいる昆虫をネットで捕獲してルーペで観察し、たとえば「今の季節ならカゲロウの亜成虫が一番」と判断したら、それに似た毛針を選び、水面下をいかにもカゲロウの亜成虫らしい動きで流して、魚の気を引こうとします。

そんな繊細な遊びを、ガサツなアメリカ人がよくマネしたものだとお思いでしょうが、神様は、ガサツなアメリカ人には、それ以上にガサツな魚、**ブラックバス**をお与えになりました。この魚、何がガサツっ

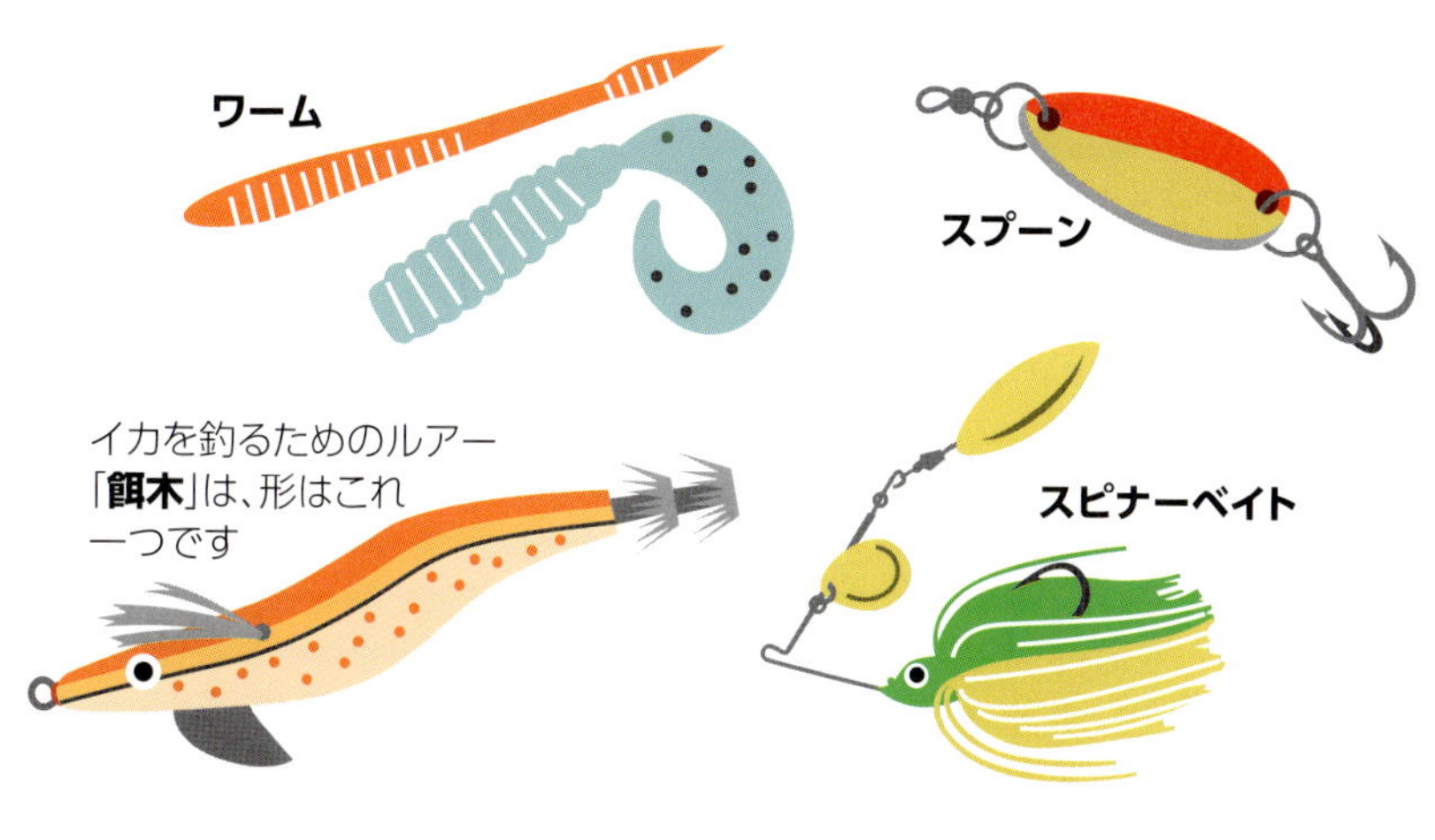

て、鼻先に接近した未知の物体は、たとえ満腹の状態でも、うっとうしがって全部口に入れてしまうんです(この習性を**リアクション・バイト**と言います)。伝説によれば、ある日釣り師がランチのスプーンを池に落としたところ、それを水中で魚が飲み込むのが見え、それで銀器で作った擬似餌で釣ることを思いついたんだとか。従って、ルアー・フィッシングのルアーは、同じ擬似餌でもフライのように魚の好物の虫に形も動きも似せる必要はなく、あくまで、どれだけ魚の鼻先に突っ込めるかが勝負。虫に似せたルアーもないことはありませんが、できるだけヘンなもので釣った方が尊敬される傾向があり、バドワイザーの空き缶をつぶしたやつとか、ミッキーマウスのキーホルダーとか、ヘンなのを放り込んでいる釣り師がたくさんいます。

それでも、何がどこにいるかわからない広い海に釣り糸を垂れる海釣りと違い、バス釣りは、限られた狭い内水面で、必ずいるとわかっている魚との駆け引きを愉しむ知的なゲーム。普通ブラックバスは、冬の間は深場に沈み、春になると産卵のために浅場に上がり、水温が上がる夏は木陰に身を隠し、適水温の秋は動き回り——1年をそのように過ごしますが、こうしたサイクルを頭に入れて居場所を推理し、「ここにいるんじゃないかな？」「やっぱ、いた！」というのが、バス・フィッシングの愉しみの第一段階。やがて、経験を積みながら、**カバー**（上から水面に覆い被さったもの）や、**ストラクチャー**（土管とか朽ち木とかいった物体）の陰にいるブラックバスの鼻先めがけルアーを投げ入れる、まあ言ってみれば、10メートル先のコーラ缶にルアーを当てるような高い**キャスティング**（投げ入れ）の技術を身につけてゆく、これが第二段階。

道具を正しく選択し、磨き抜いたキャスティング技術で魚と駆け引きする——その面白さは、よく、ゴルフにたとえられたりもします。

さらに、バス・フィッシングはアメリカ生まれの釣りなので、用語も道具（＝タックル）も元はアメリカ産。**ルアー**（擬似餌）、**ロッド**（竿）、**リール**の種類の豊富さ、カッコよさは、あらゆる釣りの中で群を抜いています。擬似餌を使うのでキモチ悪い虫を触らなくていい点や、釣った魚を水に戻す**キャッチ&リリース**という環境に優しいルールも、インテリ層に受けた要因と申せましょう。

日本では、銀行家の赤星鉄馬が１９２５年に、もともと日本にはいなかったブラックバスをアメリカから持ち帰り、芦ノ湖に87匹を放流したのが始まり。ブラックバスはバリバリの肉食淡水魚で、当初から生態系を荒らす危険性が指摘されていましたが、芦ノ湖は他の水系と隔絶されているので大丈夫と考えたのです。確かにブラックバスの生息分布は、1964年までは全国5県にとどまっていましたが、70年代に訪れた第一次釣りブームの際（『釣りバカ日誌』も『釣りキチ三平』もこの頃連載が始まったマンガです）、あちこちに放流され、急速に生息地が拡大。1979年には40府県と爆発的な広がりを見せました。

さらに、1990年代半ば、糸井重里の誘いで木村拓哉がルアー・フィッシングを始めたのをキッカケに、若者の間で爆発的に大流行。日本テレビの『ガキの使いやあらへんで』で、ダウンタウンが、奥田民生、江口洋介、浅野忠信らと「芸能人釣り選手権」をやっていたのもこの頃です。

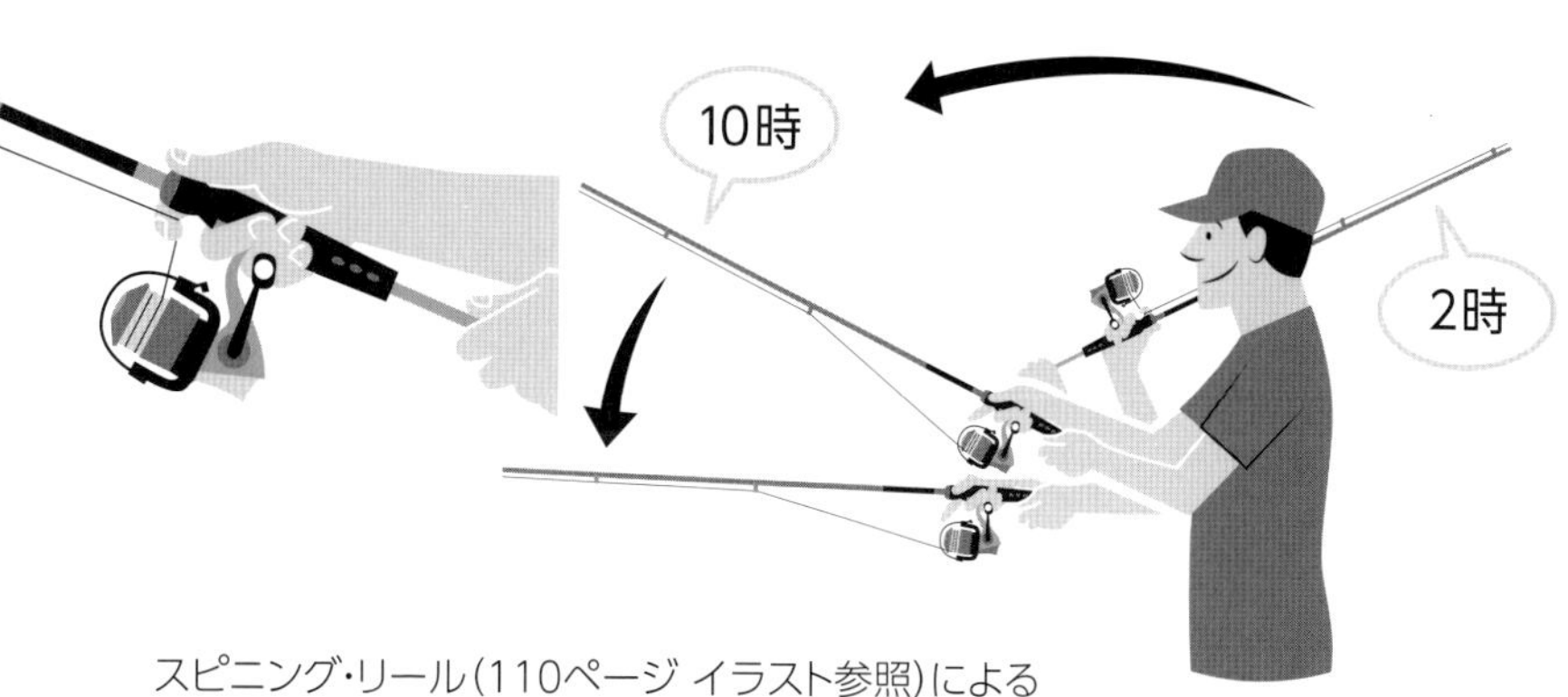

スピニング・リール（110ページ イラスト参照）による
キャスティングの方法。①ロッド（竿）の先からルアーを20㎝ほど垂らし、②人差し指で糸を押さえ、③ロッドを2時の角度から振り下ろして、④10時のところで人差し指を放します。軽く振り下ろしても、10mは楽に飛びます。

ところが1999年、『**ブラックバスがメダカを食う**』という本が出版されてから、日本のバス・フィッシングに厳しい逆風が吹き始めました。日本の在来生物が激減した原因は、急増した外来種のブラックバスにあるとされ（確かに一因であることは間違いありません！）、2005年6月に「**外来生物法**」が施行。ブラックバスはブルーギルと並んで、運搬や飼育が禁止される37種の外来種の一つに指定されたのです。これによって、ブラックバスは勝手に放流したり、移動させたりすることができなくなり、今では、釣った魚をみんなに見せようとして公道を横切っただけで違法。さらに近年は、宮城県や滋賀県など、14県がキャッチ&リリースのリリースを禁止（琵琶湖では、釣ったブラックバスの回収箱が用意されています）。おかげで、テレビ東京土曜日夕方のダイワ提供『**THEフィッシング**』という長寿釣り番組でも、バス・フィッシングはまったく採りあげられなくなってしまいました。

この間、バス・フィッシングに代わって台頭したのが、海辺の堤防でアオリイカを釣る**エギング**（イカ釣りに使う擬似餌は餌木（えぎ）と呼ばれるのでこの名があります）や、アジを釣る**アジング**、メバルを釣る**メバリング**等の、海のルアー・フィッシングです。20年前までは誰も、イカが昼間の堤防で釣れるとか、アジがルアーで釣れるとは思ってもみなかったのですが、海のルアー・フィッシングは釣果をおいしく食べられるため、今では湖でのバス・フィッシング以上の人気を呼んでいます。

ブラックバスは、スズキ目サンフィッシュ科オオクチバス属の8種類の淡水魚の総称。赤星鉄馬が日本に持ち帰り、日本中に分布したのは**オオクチバス**。体長は30～50㎝。寿命は約8年。大きさがちょうどよく、シルエットもカッコいい、まさに釣られるために生まれてきた魚です。

世間の目が海に向いている間に、日本人のブラックバスに対する考え方も少し変わってきました（よく考えれば、新たに放流したりしなければ、居着いた魚を釣ること自体には問題はないはずです）。そして、久しぶりにバス・フィッシングに戻った釣り人が驚かされるのが、劇的な道具の進化だと言います。とりわけリールは、重さも手応えも、びっくりするほど軽くなりました。

バス・フィッシングに使われるリールには、糸がリールの向きと垂直に出ていく**スピニング・リール**と、平行に出ていく**ベイト・リール**の2種類があります。これまで、スピニング・リールは、リール自体は回らないので抵抗が少なく、軽いルアーでも投げられるかわりに、**バックラッシュ**（糸が絡むこと）になりやすいという欠点があり、逆に

スピニング・リール
ロッドと垂直の方向に糸を巻き取ってゆくリール。ルアー・フィッシングでは、右手で竿を持って左手で巻くのが一般的です。

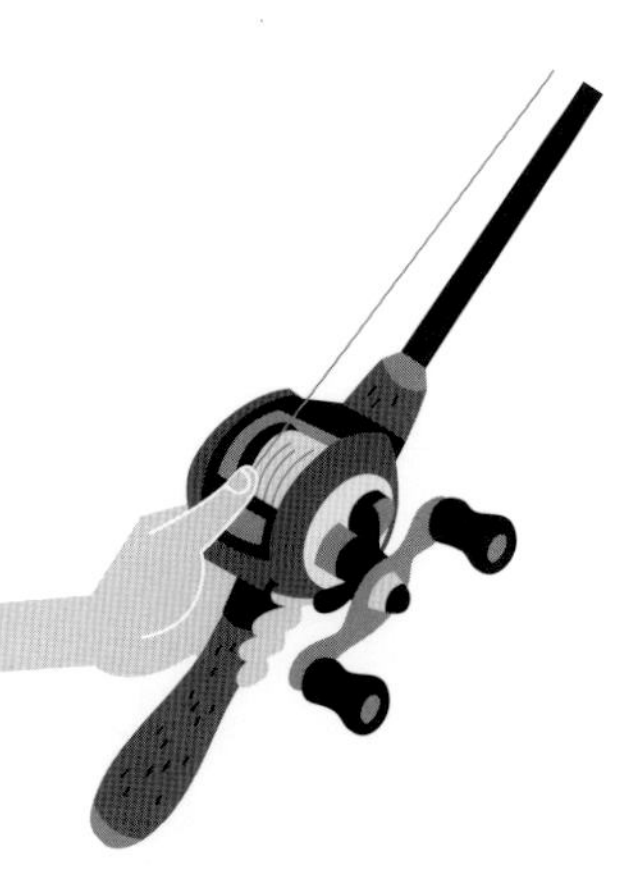

ベイト・リール
ロッドと同じ方向に糸を巻き取っていくリール。こちらは右手で巻くのが一般的なようです。

ベイト・リールは、リール自体が回るのでバックラッシュになりにくいかわりに、軽いルアーは投げにくいという欠点がありましたが、近年、この両方の機構が進化し、ベイト・リールは軽いルアーでも投げられるようになり、スピニング・リールはバックラッシュをしにくくなり、どちらもグッと使いやすくなりました。海でのルアー・フィッシングは**PEライン**と呼ばれる細〜い糸を使うので、スピニング・リールの方がよく使われ、湖でのバス・フィッシングはベイト・リールの方がよく使われています。

　また、昔からレンタル・ボートの文化がある関東では、釣り人の多くは、「**エレキ**」（次ページにイラストあり）と呼ばれる自前の電動モーターと、それをボートに取り付けるための受け台を持っており、それらをクルマに積んで湖に行き、湖で規格品のボートを借り、ボートの舳先にエレキを取り付けて、それを足で操作しながら、音もなくポイントに近づいてゆきます（これに対し、関西はプロ・ガイド付きの船をチャーターするのが普通です）。この「エレキ」もまた、近年、大きく進化したものの一つです。

ルアー・フィッシングの道具は、ロッドもリールも1万円台からあり、糸は100メートルで2千円前後、擬似餌は1ダース2千円とかで売っているので（手作りも可能！）、初期投資は3万〜4万円ですむ比較的安い遊びです。が、釣りの道具は上を見たらキリがないので、金をかけ始めたら最低の趣味だとも言われます。

糸は、ルアーに近い先端の数メートルは魚が暴れるので傷みがち。傷ついた糸は強く

エレキを付けたレンタル・ボート
舳先に、自前の受け台とエレキ(電動モーター)を取り付けたレンタル・ボート。ポイントの近くまではガソリン・エンジンで行き、近づいたら電動モーターに切り替えるのが普通です。

引かれると切れてしまいます。一度かかった大物に糸を切られて逃げられると、一生のトラウマになりかねないため、ベテランの釣り師は、一匹釣るたびにルアーに近い部分の傷ついた糸（傷ついているかどうかは、表面を触るとザラッとした感触があるので、すぐわかります）を2～3メートル切って、ルアーをつけ替えます。これをやっていると、キャスティングが下手でも、いっぱしの釣り師に見えますので、王さまも実践なさってください。

え、何ですか？　話を聞いてたら、面白そうなのでやってみたくなった、ですって？　そうですか。でしたら、近くに道具や釣り場に関して細かく相談に乗ってくれる釣具店がありますから、明日にでもご一緒いたしましょう。

おや、また、空が明るくなってきました。今宵許された物語はここまでといたします。明日、お聞かせするお話は、今宵のものより、もっと心躍りましょう。

＃8

パラグライダー

PARAGLIDER

パラグライダーは、フランス生まれの空のスポーツ。フランスでは今も高い人気を誇っており、2024年のパリ五輪では、的のどれだけ近くに降りたかを競う**アキュラシー競技**が、開催国特権で正式競技に組み込まれるだろう、と噂されています。今宵は、注目のスポーツ、パラグライダーのお話をいたしましょう。

パラグライダーほどフォトジェニックなスポーツは他にございません。あらゆるスポーツの中で「いいね！」が貰える率では、明らかにパラグライダーがNo.1です。

但し、飛行中、空から画像を撮るには、技術が必要です。パラグライダーのパイロットは絶えず四方に目を配り、キョロキョロしていなければならないので、スキーのようにGoPro をヘルメットに取り付けると、見ると吐き気のする動きの激しい映像しか撮れない上、カメラが機体を操るラインにひっかかって事故にもなりかねません。空から撮るときは、落下防止用のストラップをつけたカメラをポケットに入れて飛び、飛行が安定したら手で取り出し、その都度撮るのが常道です。

このとき、初心者は手にカメラを持ち、真下に向けて自分の脚が映った写真を撮りますが、上級者はカメラと一緒に自撮り棒をポケットにしのばせ、棒をスルスルと伸ばして自撮りします（安全性から言って、これも決して褒められた行為ではありません）。レンズを広角にしておけば、自分だけでなく機体まで写すことができます。もっと慣れたパイロットは、ニコンやコダックが出している360度カメラで撮ります。空から360度

空中での自撮り写真
パラグライダーは、人里離れた山の中でやるので、カッコいいところを他人に見て貰うには、空中で撮った写真をSNSに上げるしかありません。写真は自分の脚を入れて撮るのが第一歩。でも、「いいね!」が貰えるのは、こうして自撮り棒で撮った自分と機体が写り込んだ写真。カメラはストラップつきが基本です。

カメラで撮った映像は、SNS上では無双の威力。どんな頑固者でも、「いいね!」を押してしまいます。

パラグライダーの起源は、1966年に、アメリカ人の元パイロット、ドミーナ・ジャルバートが発明した、空気を取り込むと翼形に膨らむ四角いパラシュート、**パラフォイル**。この四角いパラシュートは操縦性が極めて高かったため、またたく間にスカイ・ダイビング界に普及し、1987年には、フランス人登山家のジャンクロード・ベトンがフレンチ・アルプスで、山からパラフォイルで降りることに成功。もともと、山登りが好きな人たちは、できたら下山は省略したいと思っていたので、パラフォイルで山を降りる遊びは、登山家の間で大流行しました。これがパラグライダーの始まりです。

それ以前、空の遊びとして、三角形の翼から腹ばいにつり下げられて滑空する**ハンググライダー**が普及していましたが、ハンググライダーがセッティングに1時間近くかかるのに対し、パラグライダーはわずか5分。畳むのも10分ほどですむため、一気にハンググライダーを駆逐してしまいました。今ではハンググライダーは絶滅危惧種です。

が、パラグライダーの参加人口も、バブルの頃は5万～6万人いたのが、今は1万～2万人。今やっている人は、ほとんどがバブルの頃から続けている年配者。そもそも、パラグライダーのフィールドは、電車もバスも通わぬ山の奥。20キロ近い機材を自分で背負って山を登る人はいません。参加者はクルマを持つ人に限られます。新しく始める人も、生活に余裕のある定年後のお年寄りばかり。もっとも、パラグライダーは、60才が20才と同じレベルでできるスポーツではあるのですが……。

そんな中、パラグライダーの性能は年々向上しつづけています。性能とは、早い話が**滑空比**。普及し始めの頃、滑空比は1対3～4（3～4メートル進む間に1メートル落ちる）前後だったのですが、今はビギナー用でも1対6～7。高性能機だと1対10のものもあるそうです。

ここまで滑空比がよくなったのは、❶翼（**キャノピー**）の剛性が上がった、❷機体全体が軽くなった、❸紐（**ライン**）が細くなって抵抗が少なくなった、等々さまざまなパーツの進歩のおかげ。特に機体の重量は、昔はフル装備だと20キロ近くしていたのが、今

パラグライダーの基本は、①キャノピー、②ハーネス、③緊急用パラシュートの3点セット。ラインを触ると火傷することがあるので、④ グローブも不可欠。価格は、初心者用の3点セットが50万円くらい。ちなみに、パラグライダー用品は街のスポーツ店には置かれておらず、フィールドにあるスクールでしか買えません。

は半分の10キロにまで落とされています。自由に飛べる翼を10キロで持ち歩けるなんて、素晴らしいことだと思いませんか？

軽量化のおかげで、背負って山に登れるようになり、近年、ヨーロッパでは徒歩とフライトだけでオーストリアのザルツブルクからモナコまで行く、レッドブルの「**X-Alps**」というクロスカントリー・レースが人気を呼んでいます。

機体の軽量化のもう一つのメリットは、微風でも飛べるようになったこと。操縦したときの反応が速いので、最近人気の「ミニ・パラグライダー」は、逆に風が強いときでも飛べるのが特徴（普通のパラグライダーは風速5メートルが上限ですが、ミニ・パラは7～8メートルまでOK）。飛行可能な風のレンジも拡がっています。

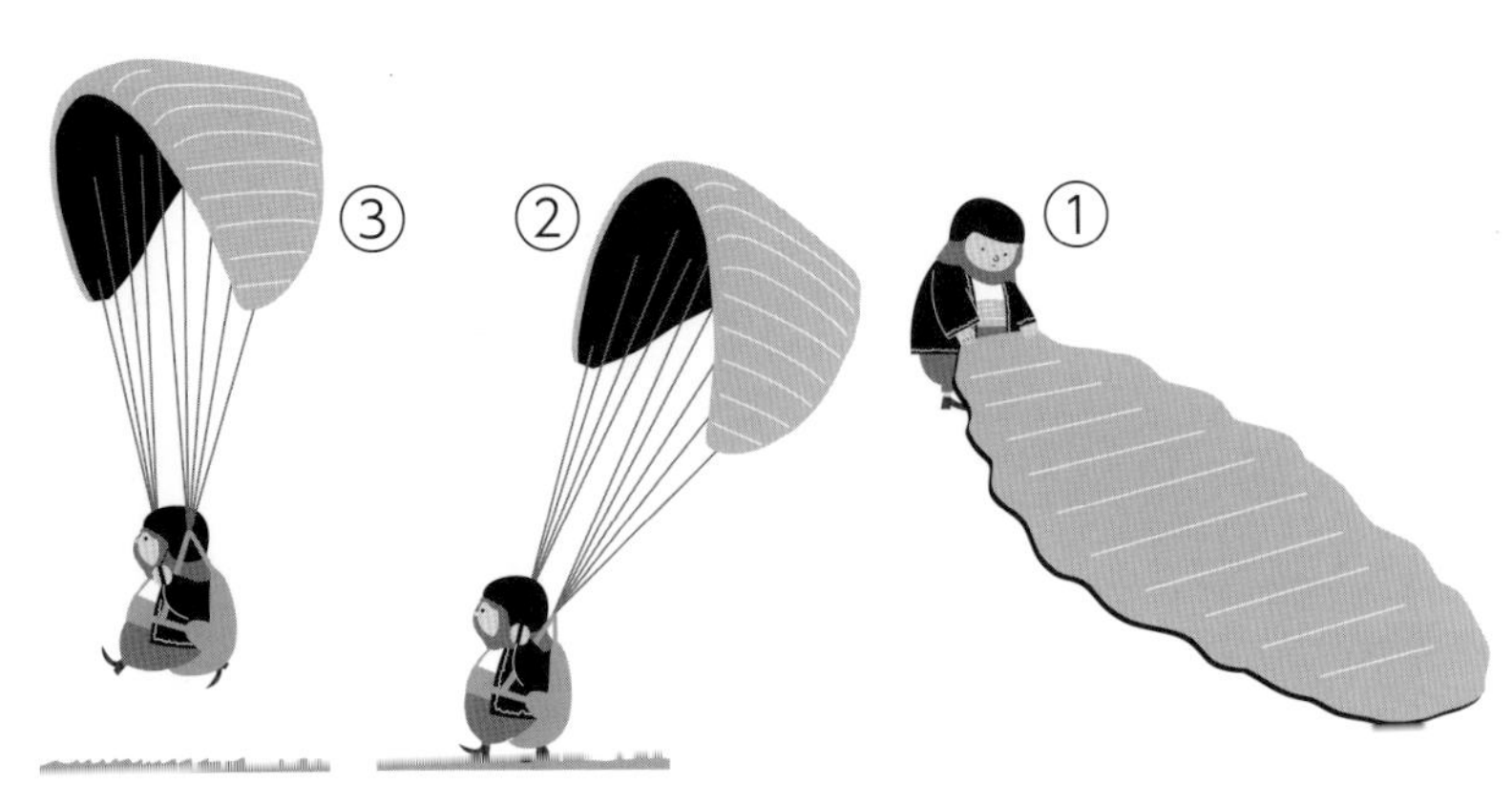

離陸の手順：①キャノピーを地面に広げ、②ちょっと歩くとキャノピーが浮いて頭上に来るので、③そこで少し走りながら（翼が頭の真上に来たところで走れば抵抗はありません）、左右のブレークコードを引いて翼の後ろを下げると揚力が生まれ、王さまでも簡単に離陸できます。

操縦の原理：パラグライダーは、滑空していないと浮いていられないため、風に対して常に時速30km程度で前進しています。右のブレークコードを引っ張ると右の翼の後部が下がって右側の風の抵抗が増し、右に曲がります。左を引っ張れば左に曲がります。

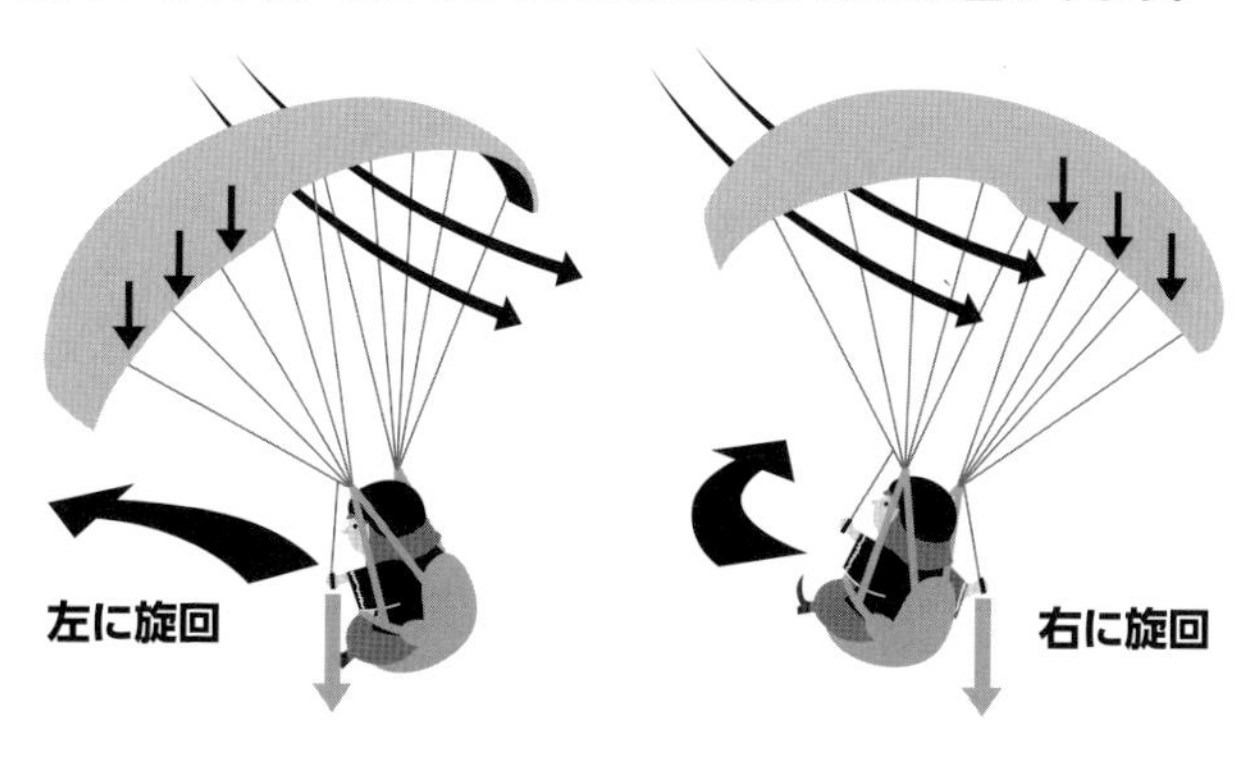

パラグライダーのフィールドは、日本に約150ヵ所。東京に近いところですと、東なら茨城県の**筑波山**、西は静岡県の**朝霧高原**。パラグライダー乗りは、自分のフィールドを「**箱庭**」と呼びますが、普通のフライトが、同じ箱庭（大筋半径5キロ）内で離陸・着陸するのに対し、最近は機体の性能が向上したおかげで、箱庭を越えてどれだけ遠くまで飛べるかを競うクロスカントリー競技も普及しています。この競技ですと、直線距離にして160キロ、飛行時間にして4〜5時間、筑波山からなら福島県の二本松市あたりまで飛んでしまうそうです。たとえどんなに遠くまで飛べても、航空法では、人間が自分の足で離陸して自分の足で着陸する乗り物は、航空機とはみなされず、風で空を舞うコンビニ袋と同じ扱い。だからパラグライダーは基本的には、空では自由なのです。

ポッドハーネスは、本来は抵抗を減らして滑空比をよくするためのもの。これを付けると滑空比が+1違うと言います。昔は重さが6～7kgありましたが、今は3kg前後。畳めばビックリするほど小さくなります。テイクオフしてから脚を突っ込みます。

翼（キャノピー）から紐（ライン）でぶら下がった人をホールドするハンモックのような器具を**ハーネス**と言いますが、そのハーネスも、近年、大きく進化しました。

パラグライダーで一番怖いのは、背中から落ちて脊髄を損傷してしまうこと──映画『最強のふたり』のモデルになったフランス人富豪、フィリップ・ポゾ・ディ・ボルゴも、パラグライダー事故による脊髄損傷で首から下を動かすことができなくなってしまいました。そうした事故を防ぐため、今はハーネスの底に分厚いスポンジが付き、さらにエアバッグが付いたものも出ています。つまり、安全性も飛躍的に向上しているのです。

また、脚全体をすっぽり覆う**ポッドハーネス**が登場し、温かい上に、飛んでいる光景もちょっとカッコいいので、人気を呼んでいます。

もう一つ、近年飛躍的に進歩したものに、**GPS**があります。パラグライダー競技で最も一般的な**パイロン・レース**（設定されたパイロンを決められた順番でできるだけ速く回る競技）は、昔は、参加者は空中からカメラでパイロンを撮影し、自分で現像して審判に提出。審判はその写真を見て、指定のコースを通ったかどうかを判定していたのですが、今はGPSデータをパソコンに送れば、その場で一発。また、ネット上には、世界中のパラグライダー乗りが自分のGPSデータを投稿しているオープンなサイトもあり、そこを見てコースどりの参考にすることもできます。

山は、太陽で空気が暖まってくると、斜面に**サーマル**と呼ばれる上昇風が発生します。このサーマルに乗ることで、パラグライダーはトンビが輪を描くようにして雲と同じ高さまで上って行くことができます。そうしたテクニックを、**ソアリング**と言います。パラグライダーが上手になるということは、ソアリングで十分な高度を得て、そこから**ブレークコード**と呼ばれる2本の紐（これがハンドルにもブレーキにもアクセルにもなります）で翼を操作して、効率よく飛べるようになるということ。

このとき、自分の高度を知るのに不可欠なのが、上昇気流に入って機体が上がり始めると、短くプッ、プッ、沈下帯に入って下がり始めると長くウィーンウィーンと、昇降を音で教えてくれる**アルチバリオ・メーター**（気圧高度計）です。但し、上級者は、計器が気圧の変化から高度を割り出すより先に、体感温度で（気温は100メートル上昇するごとに0・6度下がります）昇降を感じ取れるそうですが……。

パラグライダーには、**JHF**（日本ハング・パラグライディング連盟）と**JPA**（日本パラグライダー協会。15年前にJHFから分離）という2つの民間組織が発行するライセンスがあります。ライセンスには4つのランクがあり、どちらの団体も基準は大すじ、自分でパラグライダーをセットして走って翼を拡げて飛んで着陸できれば、**A証**。高度処理を自分でできるようになれば、**B証**。ソアリングがある程度できるようになれば、自動車の「仮免許」に当たる**NP証**（ノービスパイロット証）。完全にひとりでフライトできるようになれば、本免許の**P証**（パイロット証）が与えられます。P証を取得するには、毎週フィールドに通っても最短で1年。普通、2年はかかると言います。

王さまはお時間がおありのようですから、2年かけてP証を取られてはいかがでしょう。はるか上空で、ひとりでパラグライダーを操作しながら、紐が風を切るスーッスーッという音を聞くのは、男女の交わり以上に気持ちがいいそうですよ。

スーッ、スーッ、スー、スー、スー、スー

おや、王さま、いつの間にかおやすみだったんですね。お風邪を召されるといけませんから、私が寝屋にお運びいたしましょう。よく見ると、王さま、きれいな横顔をされていますね。ふふふ。かわいい王さま。明日、お聞かせするお話は、今宵のものより、もっと心躍りましょう。

＃９

カヌー

CANOE

王さまは、公園でボートを漕いだ経験はおありですか？　ボートが水の上を音もなく進む感じって、独特ですよね。あの独特な感覚をさらに強く鋭敏に味わえるのが、カヌー・カヤックです。

まずは基本的なことから。

「カヌー」とは、正確には、甲板が完全にオープンになっていて、漕ぎ手が船底に膝をつき、棒の片側が櫂になった**シングル・パドル**で漕ぐ舟のこと。それに対し、甲板が布のカバーで覆われ、中央の穴に人が入って船底にべったり尻をつけ、棒の両側が櫂になった**ダブル・パドル**で漕ぐ舟を、「**カヤック**」と呼びます。もともとカヌーは、カリブ海の先住民アラワク族が使っていた丸木舟で、カヤックは北極圏のイヌイットがアザラシ漁のために使っていた革製の小舟。世間一般で「カヌー」と呼ばれているのは、た

カヌー
競技では片膝を立てて漕ぎますが、普段は座って漕ぎます。日本で見られるカヌーは、すべて、カナディアン・カヌー（リオ五輪で羽根田卓也選手が銅メダルを獲得したやつ）。カナディアンは、上面がスプレーカバーで覆われているので一見カヤックっぽく見えますが、櫂はシングルですし、漕ぎ手は船底に膝をついているので、厳密な意味でもカヌーです。

いていの場合「カヤック」です。
カヌーの方が先にヨーロッパに伝わり、それまで西欧文明で使われていたボート以外の小舟をカヌーと呼ぶようになったので、欧米では、ちょっと変わった舟は全部カヌーと呼ぶ習慣があります。オリンピックにはカヌーとカヤックの両方の種目があるのに、両者をまとめて「カヌー競技」と呼ぶのは、このためです。

公園のボートをもう一度思い浮かべてみてください。ボートは、進行方向と逆向きに座って漕ぎますが、カヌー、カヤックは、漕ぎ手が前を向いて漕ぎますよね。これがボートとカヌーの一番の違い。中でもカヤックは、水面より下に脚をさし込み、水の中に腰掛ける感じなので、ボートとはまったく違い、水面を進む水棲生物になった感覚だと言います。カヤックから撮った写真は、普通は見られない海抜0メートルか

カヤック
ダブル・パドルで、左右で櫂の角度が異なり、漕ぐときは、右利きの場合、右手の握りを固定して、左手の握りをスリップさせる「フェザリング」という動きが必要です。

らの視点なので、インスタに上げれば「いいね！」の嵐です。ここからは、カヤックに絞って、話を進めましょう。

カヤックに乗るためには**ライフ・ジャケット**、**ウエットスーツ**、**ヘルメット**の3点が不可欠です。この3つを身につけていれば、艇が転覆して流されても、まず死ぬことはありません。ちなみに、カヤック乗り（カヌー乗りと合わせて**パドラー**と言います）はなぜか全員、ライフ・ジャケットのことを**PFD**（＝Personal Flotation Devices の略）と呼びます。

カヤック初心者は、パタゴニアやモンベルといった一般のアウトドア・ブランドを着ますが、上級者は、パドラー専門のカリフォルニアのブランド、**コーカタット**（Kokatat ネイティブ・アメリカンの言葉で「水の中へ」の意味）を着ます。

つまり、コーカタットのウェアを着てライフ・ジャケットをPFDと呼べば、それだけで上級パドラーの雰囲気を醸し出せるわけです。王さまは、まずはここからお始めになってください。

次は、カヤックの種類です。カヤックには、海で乗る**シー・カヤック**、川の激流を下るための**リバー・カヤック**、折り畳んで運べる**ファルト・ボート**、上面が開いている釣り用の**シット・オン・トップ・カヤック**などがあります。

基本、舟というものは、水線長（水に接した側面）が長ければ長いほど船足が速いので、海でできるだけスピードを出して遠くまで行こうとするシー・カヤックは水線長が5〜6メートルと長く、逆に、川の流れに乗るため、自分でスピードを出す必要がなく、代わりに障害物を避けるための回転性能が求められるリバー・カヤックは、水線長が2・5メートル前後と短くなっています。

シー・カヤックなら、時速7〜10キロという、人間がジョギングするスピードが出せます。

シー・カヤックは、細

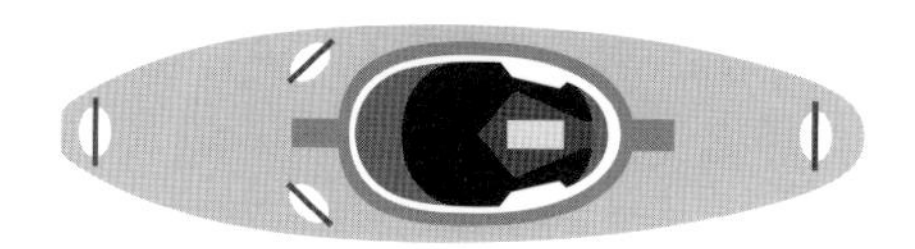

リバー・カヤック
水線長は2.5m前後。岩に当たって頻繁にひっくり返るので、頑丈なポリエチレン製が定番。価格は15万円前後。

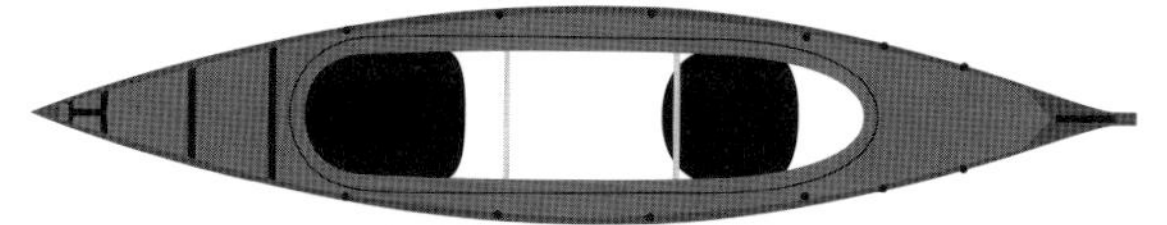

ファルト・ボート
全長は4m前後。価格は20万円前後。重さは約20kg。浮力が大きいので、かなりの荷物が積めます。船体布はしばしば破けるので、交換が必要です。

シー・カヤック
水線長は6m前後。価格は約30万円。自転車同様、停まっているときはグラグラしますが、スピードを出せば出すほど安定します。ファルト・ボートとシー・カヤックにはタンデム(2人乗り)もあります。

長くてスピードが出る代わりに安定性に欠けるので、海の真ん中で波を受け転覆することもしばしば。イヌイットがカヤックに乗る極寒の北極海では、長く水に浸かっていると命取りになるため、彼らは、水の中でパドルを操って身体を回転させ、起き上がりこぼし式に素早く艇ごと起き上がる**エスキモーロール**と呼ばれる技術を身につけています。温かい日本の海でも、これができないと、艇から抜け出し、浮力体をつけて艇によじのぼり、ポンプで艇内の水を抜かなければならず、とんでもない手間がかかってしまいます。

リバー・カヤックも転覆する場合はありますが、川では艇を岸まで引っ張っていき、そこで乗り直した方が手っ取り早いので、川で乗っているパドラーは、エスキモーロールはほとんどできません。

【エスキモーロールの手順】

❶沈んだら、身体を前屈みにして、パドルを艇と平行にして水面まで出します。

❷身体をひねりながら、パドルで水面をなでるような感覚で半円を描きます。ブレードが水面と平行になり、水を捉えていることを確かめたら、腰の返しで艇を起こします。

❸艇を90度以上に返したら、パドルに水圧を感じながら、肩、頭の順で身体を起こします。

ヘルメット
頭に水抜き用の穴が
空いているのが特徴。
ウエットスーツ
ノースリーブのロング
ジョン(上下一体になっ
た合成ゴム素材のシー
ツ)タイプが一般的です。
PFD(=ライフ・ジャケット)
人間の頭の重さは体重の
約10%。従って体重の
10%の浮力があれば、
水面から頭を出すこ
とができます。

日本では、カヤックを置けるくらい広い家に住んでいる人は滅多にいないので、パドラーが持っているのは、たいてい、折り畳み可能なファルト・ボートです。ファルト・ボートは、畳めば大きめのリュックサックほどのサイズになり、背負って電車に乗ることも可能。水辺でフレームを組み立て、そのフレームに船体布と呼ばれるゴム製の布を張ると、立派なカヤックになります。艇の価格は15万〜25万円。ファルト・ボートが一艇あれば、運河でも海でも、激流でなければ川でも遊べます。

一方、欧米人は、大きな家に住み、カヤックを屋根に積める大型SUVを持っているので、折り畳み式など使う必要がなく、欧米人のパドラーにファルト・ボートを見せると「へ〜え、こんなのあるんだぁ」とひどく感心してくれます。

ファルト・ボートは、郵便局に局留めで送ることができます。自分で背負って運ばなくても、川の近くの郵便局に送っておいてそこで受け取れば、川原で広げて組み立て、防水パックにテントや食糧を入れて艇に詰め込み、川辺でキャンプしながら川をのんびり下る、**キャンプ・ツーリング**が楽しめるわけです（帰りは、畳んで再び下流の郵便局から自宅に返送すればOKです）。カヤックで川をツーリングすると、舟でしかアプローチできない川原に上陸したり、水鳥がすぐ近くまで寄ってきたり、あるいは川辺に飛ぶホタルを見たり、フォトジェニックな冒険旅行が体験でき、SNS受けする写真がたくさん撮れます。

旗
魚群探知機
GPSアンテナ
ハッチ
(物入れ)
シット・オン・トップ・カヤック
2005年頃から釣り人の間で
ブレークした、甲板が覆われて
いないカヤック。海では波間に隠
れてしまう上、釣り人は水面しか見てお
らず、危険なので、旗を立てようという運動
がありました。価格は10万円前後です。

また、海では、2005年頃から、横幅が広くて安定性があり、甲板がオープンで漕ぎ手が座って漕ぐ、**シット・オン・トップ・カヤック**と呼ばれる艇が人気になりました。釣り人たちは、このカヤックに魚群探知機やクーラーボックスを積んで沖に出て、緑のロッド・ホルダーから釣り竿を数本伸ばして海釣りを楽しんでいましたが、悲しいかな、漕艇訓練を受けていないので、風や潮で流されても浜に戻る技術がなく、遭難事故が相次ぎ、近年はやや下火になっています。

カヤックが日本で流行り始めたのは、1980年代後半。作家でカヌーイストの**野田知佑**が、愛犬と一緒にカヤックで川を下る様子を描いた日清のチキンラーメンのCMが頻繁に放送されたため、野田知佑に憧れてカヤックで川下りをする人が急増。小学館の雑誌「BE-PAL」がもたらしたアウトドア・ブームもあって、バブル崩壊後も、1990年代半ばまでは人気がつづいていました。が、2000年代に入ると、不況のため新規参入者がパッタリ途絶えます。従って、これまでに紹介した他のアウトドア・スポーツ同様、現在のカヤック界を支えているのは、50〜60代で、20代の参加者は全体の5%以下。最盛期には何百艇という数のカヤックが浮かんだ那珂川でも、今はほとんど見ることがありません。おかげで、日本でも人気があった、高級カヤック・メーカーの代名詞、カナダの**フェザークラフト**は、2016年で廃業してしまいました（その代わり、中古艇はヤフオクで凄い値がついているようですが……）。

今、川でカヤックよりもよく乗られているのが、**パッククラフト**と呼ばれる一人乗り用ゴムボートです。

昔から、白波が立つ流れの速い川では、大型のゴムボートに大人数が乗って急流を下る**ラフティング**というアドベンチャー・スポーツが行われていました。ラフティングは、大学の探検部ですと自前のゴムボートを川まで運んで行きます。普通は、参加者が川辺にあるショップに5千〜6千円払い、そこで着替えてスポットまでバスで送って貰い、店が用意した艇に乗り、操艇はガイドに任せ、みんなでキャーキャー大騒ぎしながら漕ぐ、ディズニーランドのアトラクション的な遊び。このラフティングが、急流を下るカヤックとスポットが被るため、だったらカヤックみたいに一人でやってみたらどうか、という発想で作られたのが、パックラフトです。

パックラフトの甲板は普通はフル・オープンですが、飛沫が飛び散る急流で乗る場合は、カヤックのように上面を覆う布（＝**スプレーカバー**）をつけることも可能。一人で乗るのですから、当然、カヤック同様の技術が必要です。乗ると、まるで浮き輪の上に座った感じで、底がツルツルなため急流でも操艇しやすいのですが、流れがない場所では全然進まないので、ツーリングには向きません。ただ、ファルト・ボートよりもはるかに軽く、背負って山に登るのも簡単なので、クルマを持たない若い層に受け入れられています。

パックラフト
最近、日本の川を席巻しているパックラフトは、アラスカ生まれの空気充塡ボート。重さは2〜3kg。膨らますと厚い空気チューブに囲まれたような形になるため、水面ではかなりの安定感があります。色・デザインには豊富なバリエーションがあります。

一方、今、海でシー・カヤックを駆逐してしまったのが、サーフィンのときにお話ししたSUPです。SUPは、値段はシー・カヤックよりずっと安く、落水しても乗るのは簡単。甲板のD環と呼ばれるリングに紐を通せば、荷物を留めることもでき、ちょっとしたツーリングも可能。おかげで、今、海で見かけるパドル系の艇は、85%がSUPで、10%がシット・オン・トップ・カヤック、5%がシー・カヤック、という感じです。

そのため、カヤックは、川でも海でも完全な「オワコン」と言われてます。

カヤックがここまで廃れてしまったのは、カヤックを始めるには、何度かスクールに通って漕艇から脱出までの基本をマスターした上、最初はひとりではできないので、先輩にスポットに連れて行って貰わなければならないから。それでも、全国の川辺のキャンプ場には今もいくつかのスクールが残っていて、ガイドがツアーを企画したりしています。王さまもそこから始められてはいかがでしょうか。

おやおや、王さま、さきほどから頭が船を漕いでいらっしゃるようですね。さぞや、お疲れなのでしょう。今夜はジニーが朝まで王さまのしとねとなって差し上げます。いい夢をご覧になってください。明日、お聞かせするお話は、今宵のものより、もっと心躍りましょう。

10

乗馬

HORSE RIDING

砂漠の民である私たちベドウィンは、昔から、アラブ種という耐久性に優れた馬を育ててきました。今宵は、私たちにもなじみの深い**乗馬**のお話です。
日本の乗馬人口（＝乗馬クラブの会員数）は、バブル前の１９８５年は１万６千人に過ぎなかったそうですが、バブル崩壊直後の１９９３年には５万人を超え、その後も微増を続け、今では約７万人。乗馬クラブの数も１９９３年には６００前後だったのが、今は約１０００と１・６倍に増加。乗馬は、レジャー・スポーツの中でも、最もバブル崩壊の影響を受けなかった種目と言えます。その原動力は女性です。
そもそも**馬術**は、男女の性別を問わない唯一のオリンピック正式種目。馬術競技には、馬場馬術（**ドレッサージュ**）と障害（**ジャンピング**）、その両方を合わせた総合馬術（**イベンティング**）の3種目がありますが、３種目とも男女が同等に戦い、女子が金メダルを獲ることも珍しくありません（ついでに言うと、70代のオリンピック選手もいるくらいですから、年齢も問いません）。乗馬で一番大切なのは、筋力ではなく、馬をキモチよく走らせてあげるバランス感覚——馬をムリヤリ自分の思い通りに動かそうとする男性より、馬の気持ちに寄り添える女性の方が、上達ははるかに速いと言います。
それでも、バブル以前、この国の乗馬人口の7割は男性だったのですが、今は7割以上が女性。男女比がこれほどきれいに入れ替わった理由は、男がバブル崩壊で所得を減らし、王さまのように家にこもっていったのに対し、女は元気に外に出て遊びつづけていたか

裏掘り　　ブラッシング

馬の手入れも乗馬の一部。専用金具でヒヅメの泥を取るのと(金具も作業も「裏掘り」と言います)、洗ってブラッシングしてあげるのが基本。馬は犬と違って全身に汗をかくので、夏場は毛が汗でガビガビになり、洗ってブラッシングしてあげると喜びます。

ら。それともう一つ、女性には、馬のかわいさに魅かれてペット感覚で乗馬を始める人が圧倒的に多かったから。日本の女性の乗馬ファンの中には、馬の世話をするだけのためにクラブに通う人も少なくないと聞きます。それに、馬ほどインスタ映えする動物はいませんし……。

ところで、乗馬のスタイルには、整備された馬場で馬のコントロールの巧みさを競う**ブリティッシュ**と、疲れにくい鞍に乗って野山を長時間自由に駆ける**ウェスタン**の2種類があり、ブリティッシュはさらに、馬場馬術と障害馬術の2つのスタイルに分類されます。ブリティッシュのルーツは、ヨーロッパの軍隊の騎兵の行進。ウェスタンのルーツは、アメリカのカウボーイたちのキャトル・ドライブ(牛追い)。世界的に普及しているのも、五輪種目になっているのも、ブリティッシュの方で、ウェスタンの乗馬法を教えるクラブは、日本では、軽井沢や小淵沢といったリゾート地に限られます。

ブリティッシュでもウェスタンでも、馬はそれぞれのスタイルで決められた約束ごとに従うよう厳しく調教されており、乗り手はその約束ごとを覚え、手綱だけでなく、馬を締める脚の力や、全身の体重移動で、馬に意志を伝え、思い通りに動かす——これが乗馬の一番の愉しみでございます。

ちなみに、乗馬用の馬は、20年前までは、大半が競馬用サラブレッドを調教し直したお下がりでしたが、競馬馬は、言ってみればウマ界のウサイン・ボルト。性格が荒く、調教してもなかなか女性を乗せられるような

馬場馬術

お城の庭で王さまに乗馬の演技を見せたことに由来する競技で、燕尾服にシルクハットと、やたらと盛装するのがコンセプト。

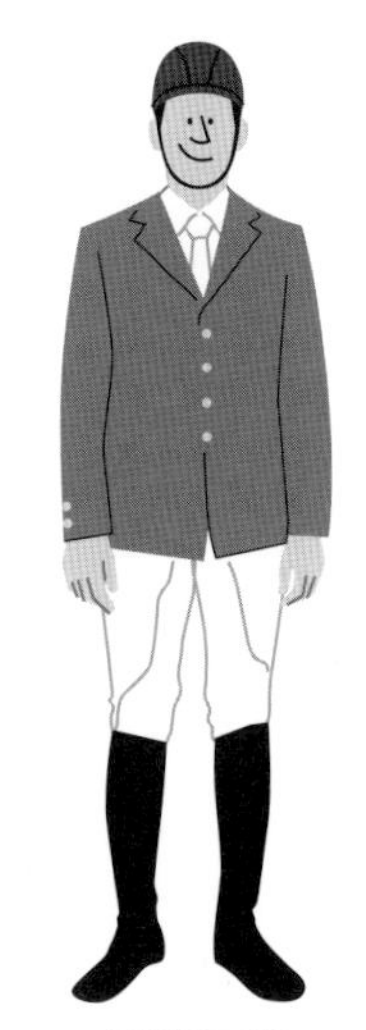

障害馬術

貴族のキツネ狩りが競技に発展したもので、ファッション・コンセプトは狩り。深紅のジャケットにビロード張りのヘルメットで、素人が乗馬と聞いて思い浮かべるのはこちら。

ウェスタン

早い話がカウボーイスタイル。ジーンズにウェスタン・シャツにテンガロンハットというのが一般的です。

おとなしい性格にはなりません。ボルトみたいな馬に乗って怖い思いをしたおかげで、乗馬を諦める女性も少なくありませんでした。が、今は（特にブリティッシュ競技では）、オランダの**ウォームブレッド**とかドイツの**ウエストハーレン**とかいった、乗馬専用に品種改良された乗りやすい馬が主流になっています。

乗馬を始めるのに不可欠なのが、手袋・ブーツ・乗馬ズボン・ヘルメットの4点セット。乗馬クラブではレンタルもしていますが、この4点だけは自分で揃えるのが一般的です。

乗馬ズボンは、普通のズボンよりはるかに伸縮性があり、膝の内側の鞍に密着する部分に布や革が当ててあるもの。一番よく出るのは3万円前後。ブーツは、普通のファッション・ブーツより脚によくフィットし、あぶみに掛けるためのヒールが付いているもの。こちらは合皮で2万円前後、本革なら5万円前後。上達すると、ブーツのかかとに別売りの拍車を取り付けるのが普通で、拍車付きのブーツは上級者の証しと言えます。これらに、ヘルメット（1万円ちょっと）と手袋（5千円ちょっと）を加え、さらにクラブの入会金も含めれば、乗馬を始めるのに必要な費用は、22万〜23万円ということになります。

また、上級者は、鞍も自前のものを使うようになります。こちらは、最高級の**エルメス**（もともとは馬具店です）の革製の鞍で70万円以上。それでも、バーキンのバッグよりは安い買い物ですし、部屋に置いておけば、見栄え抜群の調度品になります。

ブーツにせよ鞍にせよ、馬具は、馬の肌に直接触れるので、ナチュラルな革製がよいとされ、乗馬用具には革の匂いがつきもの。王さまも、もしも革の匂いがお好きなら、きっと乗馬に向いていると思いますよ。

乗

馬クラブでは、1回馬に乗ることを「**1鞍**」と数えます。どこのクラブでも「1鞍」は45分単位で、準備と片付けなどを考えると、馬に乗っている時間は正味30分。たとえば、全国33ヵ所に展開している最大手の『**クレイン**』では、入会金16万2千円と月会費1万6200円を払うと、平日なら1鞍1620円。土日祝でも1鞍2160円。あるいは川崎の『**サンヨーガーデン**』では、入会金ゼロで平日に12鞍乗れるビジター回数券が6万円（1鞍5千円）。中には、入会金が200万円もする「**東京乗馬倶楽部**」のような高級クラブもありますが、今や乗馬は、王さまが思っているほどお金持ちのスポーツではありません。

乗馬にどっぷり漬かると、誰もが持ちたくなるのが自分専用の馬、いわゆる**自馬**です。が、馬は札束を食べる生き物で、買うと300万～400万、維持するのに月20万。乗馬クラブの中には、自馬専用のところもあり、そういうクラブに複数の自馬を預けているお金持ちもいますが、前述の『クレイン』を始め多くのクラブは、千円前後の指名料を払えば、お気に入りの馬を指名できるシステムをとっており、お金をかけずに、愛馬を作る方法もあります。

乗馬は、いくら女性や年配者でも可能なスポーツとは言え、
結構な運動量で、1鞍乗っただけでヘトヘトになるそうです。

今ほど乗馬クラブのシステムが発達していなかったバブル期は、自馬が主流で、当時、乗馬はお金持ちだけに許された遊びでした。ですから、40代以上で、子供の頃から乗馬をやっていたという人は、100%お金持ちの家の生まれです。馬術のオリンピック代表を目指している**華原朋美**も実家は千葉県で鉄鋼会社を経営するお金持ちですし、テレビで乗馬姿を再三披露している**高田万由子**も、実家は明治時代の日本3大商社の一つ高田商会。その名残で、今も乗馬をしている人は、育ちのいいリッチな人というイメージがつきまといます。高貴な王さまには、最もお似合いなスポーツかもしれません。

おや、東の空に明けの明星、金星が見えてまいりました。今宵は、月の砂漠の遠乗りに思いを馳せて、いい夢をご覧になってください。明日、お聞かせするお話は、今宵のものより、もっと心躍りましょう。

東京乗馬倶楽部
明治神宮に隣接し、緑と高層ビルに囲まれた、都心唯一の乗馬クラブ。1921年創設。正会員になるには入会金200万円と、年会費9万6000円が必要ですが、ビジターでも予約すれば平日8300円で、1鞍騎乗できます。☎ 03-3370-0984
東京都渋谷区代々木神園町4-8　営業時間 9:00〜17:45（冬季は〜16:45）

11

ウィンドサーフィン

WINDSURFING

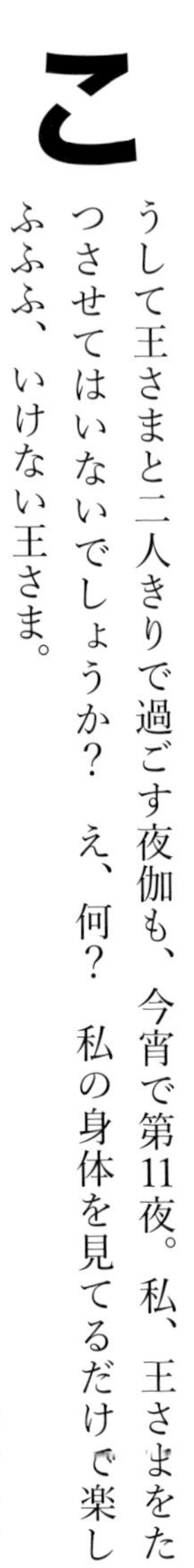

こうして王さまと二人きりで過ごす夜伽も、今宵で第11夜。私、王さまをたいくつさせてはいないでしょうか？　え、何？　私の身体を見てるだけで楽しい？

ふふふ、いけない王さま。

今夜は、バブル期に流行ったアウトドア・スポーツの中で、最も衰退著しい**ウィンドサーフィン**のお話でございます。

ウィンドサーフィンは、１９６８年、カリフォルニアのサーファー、ホイル・シュワイツァーとヨットマンのジム・ドレイクが、「サーフィンとヨットを一つにしたマリン・スポーツはできないか」と相談して、２人で開発したもの。日本に上陸したのは１９６９年。人気が爆発したのは、ロス五輪の正式種目に採用された１９８４年。80年代後半には、参加人口は３００万人、ショップは全国で１２７０店を数え、デパートでもボードを売っていたほどでした。

当時、国内屈指のウィンドサーフィンのゲレンデは、**台場**でした。台場は、初めは江東区のウィンドサーファーがゲリラ的に楽しんでいただけでしたが、１９８７年に東京都がこのエリアをレクリエーション海域に認定すると、遠くからも人が集まるようになり、さらに１９９３年にレインボーブリッジ、１９９５年にゆりかもめが開通してアクセスがよくなると、ボード保管倉庫、レンタル用具、シャワー、スクールを備えた『**エフカイビーチ**』というカフェができ、台場の海には色とりどりの帆が翻るようになりました。

エフカイビーチ
1996年オープン。今もテラスでカフェ営業しているほか、ウィンドサーフィンの用具レンタル（3時間　4000円）や初心者体験教室（3時間30分8000円）も実施。☎03-5531-5005
東京都港区台場1-4-1
マリンハウス1F

が、そんなウィンドサーフィンも、バブル崩壊後は衰退の一途。現在の実動人口は5万人前後（全盛時の60分の1）で、ショップも60店（全盛時の21分の1）にまで減ってしまいました。バブル期に流行ったアウトドア・スポーツの中で、参加人口の減少率はダントツNo.1。台場も、フジテレビやホテル日航等の建物が次々に建ったおかげで、風が入らなくなり、ウィンドサーフィンは完全に壊滅状態です（但し、『エフカイビーチ』は今も残っていて、体験スクールや用具レンタルを行っています）。

サーフィン人口がそこまで減らなかったのに、ウィンドサーフィン人口が60分の1に減ってしまったのは、板一枚で遊べるサーフィンに比べ、ウィンドサーフィンは道具の種類の多さ、手入れの煩雑さがケタ違いで、それだけ金もかかるから。が、実際にやってみると、年齢や運動能力に関係なく誰でもできる上、サーフィンのようにローカルに怒鳴られることもなく、王さまのようなデブには始めやすいスポーツと言えます。

また、ウィンドサーフィンは、ヨットと違って手でブーム（セイルの下部につけられた操作用のバー。149ページイラスト参照）を持つため、風の力をダイレクトに感じられるスポーツ。ヨット以上に風と共に生きるエコな遊び、とも言えます。

初期のウィンドサーフィンは、ボードが4メートル近くもあり、そんな長いボードを使った競技は、速さを競うレース系しかありませんでしたが、1970年代初めにボードがハワイに渡り、ハワイの強い波や風に合わせて板が短く改良されると、波の上で飛んだり回ったりするパフォーマンス系競技も行われるようになりました。その後、レース系は、ひたすら風下に向かって走りながらスピードを競う**スラローム**と、一部は風上に向かう**アップウィンド**（別名**フォーミュラ**。五輪の正式種目になったのはこちら）に分かれ、パフォーマンス系も、波を利用してジャンプを競う**ウェイブ**と、平水面での技を競う**フリースタイル**に分かれ、それぞれに進化。今では、レース系もパフォーマンス系も、ボードは2メートル50センチ前後。昔に比べ1メートルは短くなっています。

2012年11月には、スラロームの世界チャンピオンのフランス人アントワン・アルボーが、アフリカ南西端の砂漠の中の運河「チャンネルセカンド」で、500メートルを時速100・26キロで走る最高速を記録しました。ウィンドサーフィンは、登場から44年で、時速100キロの壁を破るまでに進歩したわけです。

ボードの違い(ブランドはいずれもSTARBOARD)

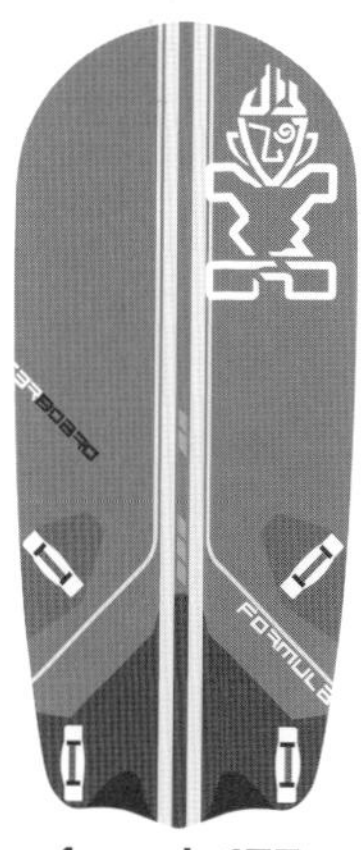

formula177
(アップウィンド用)

iSONIC 90
(スラローム用)

ultrakode
(ウェイブ用)

最近のボードは素材が進化したおかげで、長くなくてもスピードが出るようになり、特にレース系は横幅が極端に広がり、ズングリした形になりました。昔のボードが丸太に乗る感じだとしたら、今は畳に乗る感じだと言います。

ウィンドサーフィンを実際にやっている人たちは、板の大きさを、長さではなく容積(=リットル)で表現します。スクールの初心者用ボードですと200リットル前後、小回りが命のウェイブ用ボードですと80リットル前後、アップウィンド用のボードはその中間の140リットル前後。また、風が強いときは、スピードが出てボードに浮力もつくので容積の小さめの板に乗り、風が弱いと浮力が出ないので容積の大きい板に乗るのが普通です。

ボードのブランドは、昔は、オリンピックに採用されていたフランスの**ミストラル**が人気No.1でしたが(ウィンドサーフィンのカリスマ、ロビー・ナッシュもここのライダーでした）、今はすっかり勢いが衰え、現在の3大ブランドは、タイの**STARBOARD**、ドイツの**FANATIC**、オーストラリアの**JP AUSTRALIA**。オリンピックは、JP AUSTRALIAの系列のニール・プライドというメーカーが作っている**RS:X**というボードで戦われています（オリンピックはワン・デザインによるレースですが、ワールドカップはF1と同じメーカー同士の対決です）。

ボードの小型化にともなってマストも短くなり、しかも素材がアルミからカーボンになって丈夫になったため、今は2つに分解可能。おかげで、昔はビーチに保管して貰うしかなかった機材が、今は、家からクルマで簡単に運べるようになりました。

マストが短くなっても、風を受けるための面積を確保できるよう、セイルは近年、横幅が広がる傾向にあります。セイルの大きさは面積（m²）で表し、パフォーマンス系で3・5〜6・5m²、レース系で5・0〜12・0m²といったところ。風の強さに合わせて張り替えるので（15〜20分でできます）、普通、ひとりで3〜4枚は持っているそうです。

ところで、ウィンドサーフィンを始めた人が最初にぶつかる壁が、水面に浮かべたボードによじ登ってセイルを引っ張り上げて走り出す**セイルアップ**です。水に浸かったセイルは水をはらんで500キロ近い重さになっているので、水をすこしずつ抜いて起こさなければならず、これをマスターするのは、1日ではムリ。セイルアップして、走り出し、ターンして戻って来るのに、3〜4日はかかると言います。

ウィンドサーフィンを買うときは、店の人がまとめてみつくろってくれますが、基本、セット売りはなく、購入は部品別。但し、セイル、マスト、ブームで構成される「リグ・パーツ」は、セイル・メーカーがまとめて出しています。一艇まるまる新品で揃えようと思ったら、全部で約30万円かかります。

昔のウィンドサーフィンはセイルに風をはらんで進んでいましたが、それではスピードが出たときにかえって抵抗になってしまうので、今は、セイルの中に硬い骨が入っていて、セイルは膨らませず、飛行機の翼の原理で、前後に風を流し、発生する揚力で進みます。

つづいて訪れるのが最大の難関、**プレーニング**です。自動車で雨天走行時に急ブレーキを踏むと、タイヤと道路の間に水が入って浮いた状態になり、止まらなくなる現象を「ハイドロ・プレーニング」と言いますが、あれと同じ現象をボードと水面の間に起こし、ボードを少し浮かせて摩擦をなくし、猛スピードで滑走する技です。このプレーニングこそ、ウィンドサーフィンの最大の醍醐味にして最大の目的。昔は最低1～2年、毎週海に通わないとマスターできず、プレーニングにたどりつかないまま挫折してしまう人も多かったそうですが、今は道具の進化のおかげで、半年でマスターしてしまう人もいるんだとか……。王さまも、もしもウィンドサーフィンを始められるなら、プレーニングができるようになるまで、ぜひおつづけください。

王さま、さきほどから私の脚をずっと見ておいでですが、私の話は耳に入っていますか？　今宵許された物語はここまでといたします。明日、お聞かせするお話は、今宵のものより、もっと心躍りましょう。

チャンネルセカンド

ウィンドサーフィンにはもう一つ、500m間の最高速度を競う「スピード・セイリング」というジャンルがあり、世界記録は、フランスのスラローム選手**アントワン・アルボー**が、2012年にナミビアの砂漠の中の運河「チャンネル・セカンド」で出した100.26km/h です。

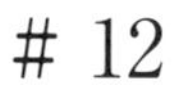

12

セーリング・クルーザー

SAILING CRUISER

イギリスのヨット乗りの古い言い伝えに、こんなのがあります。

「ヨットを持つと、嬉しいことが2度ある。1度目は、オーナーになったとき。2度目は、いい買い手が見つかったとき」

遊びはお金をかけてもいつかは飽きてやめてしまう、という意味の、いかにも遊びをよく知るイギリス人らしい言葉でございます。王さまも、遊ばれるときは、ぜひ、イギリス人のような醒めた目を持っていてください。

さて、今宵はそのヨットのお話です。ヨットの中でも、船室付きの大型ヨット、**セーリング・クルーザー**についてお話しいたしましょう。

大型ヨットは、外側は**FRP**（繊維強化プラスチック）製で、内側は木製でウッディに仕上げてあるのが普通。船体の長さが30フィート（9・14メートル）以上と未満でクラスが分かれ、30フィート級になれば、船室には台所、トイレ、ベッド、簡易シャワーがついていて、男4人が楽に泊まることができます。生活に必要なものはたいてい揃っており、自宅にあってクルーザーの船室にないのはエアコンくらいのもの。壁が木製の船室は音の響きがよく、上質のオーディオ・システムを入れれば、いい感じのリスニング・ルームにもなります。船室のあまりの居心地のよさに、クルーザーをハーバーに係留したまま、まったく出港しない人もいるほどです。

そのため、若い頃加山雄三に憧れた60代のお金持ちのオジサマの間で、最近、セーリング・クルーザーは一番の注目アイテム。それも、乗り物としてではなく「隠れ家」として——そもそも男は、子供の頃から無類の「隠れ家」好き。そして、この世で最も魅力的な「男の隠れ家」が、クルーザーの船室なのでございます。

日本のクルーザー事情は、ここ15年で大きく変わりました。変わったものの筆頭が**船舶免許**です。セーリング・クルーザーは、港の出入り用にエンジンが付いているため、船舶免許を持った人が最低ひとり乗っていないと動かすことができませんが、この免許の試験が、日本は世界一厳しかったのが、２００３年以降、制度が改正さ

最もポピュラーなヤマハの26feet級のセーリング・クルーザー、「Y-26IIEX SH」の船室。トイレや台所付き。テレビやオーディオはご自分で（エアコン以外はたいてい何とかなります）。

「**アメリカズカップ**」は、1851年から現在までつづく最高峰のヨット・レース。歴史はテニスのウィンブルドンより26年、ゴルフの全英オープンより9年古く、その優勝杯は、世界最古のスポーツトロフィー。レースは、前回覇者の防衛艇と、予選を勝ち抜いた挑戦艇の1対1のマッチレースで行われます。

れて、劇的に簡単になったのです。

２００３年以前の船舶免許は４段階制で、一番下の４級は、排水量（＝重さ）５トン未満の船を海岸線から５海里（＝９・２６キロ）の沖まで出せる免許でしたが、２００３年以降は船舶免許が２段階制になり、旧４級が自動的に移行した今の２級は、出られる距離は同じで、排水量は20トンまでＯＫ。セーリング・クルーザーの排水量は、最も人気の高い全長**30フィート級**でも５トンちょいですから、沿岸で遊ぶ分には「新２級」で十分。ちなみに、無制限に遠くまで行ける「１級」も、昔は、合宿講習に２週間くらい通った上、みっちり勉強して受験しなければ取れなかったのですが、今は、一旦２級免許を取得した後なら、２日程度の講習で簡単にステップアップできます。

船

船免許の取得がこれだけ簡単になった背景には、**GPS**の進歩があります。昔は、船で外洋を航行するには、海図と三角定規を駆使して船の位置や針路を正確に割り出す技量が必要でしたが、今は、GPSのガイドによって、誰でも簡単に位置や針路を知ることができます。しかも今のGPSの地図には、浅瀬、岩礁、軍事施設から定置網の位置までが正確に表示されており、船のGPSの便利さはカーナビの比ではありません。

さらに、昔は船舶無線が使えないと、海岸から1キロ沖で座礁しても生命の危険があったのですが、今は、陸が見える範囲を航行する分には、緊急連絡は携帯電話で十分。日本の海岸線でドコモが繋がらないところは、数ヵ所しかないそうですし、**衛星電話**を借りれば(1ヵ月5万円弱でレンタル可能)、太平洋の真ん中からツイッターで「太平洋なう」とつぶやくことも可能です。

第36回アメリカズカップは、2021年初頭、ニュージーランドの夏時期に開かれる予定。防衛艇は、2017年にバミューダ沖で開かれた35回大会で、アメリカのチーム・オラクルを破ったニュージーランドの**エミレーツ・チーム・ニュージーランド**です。

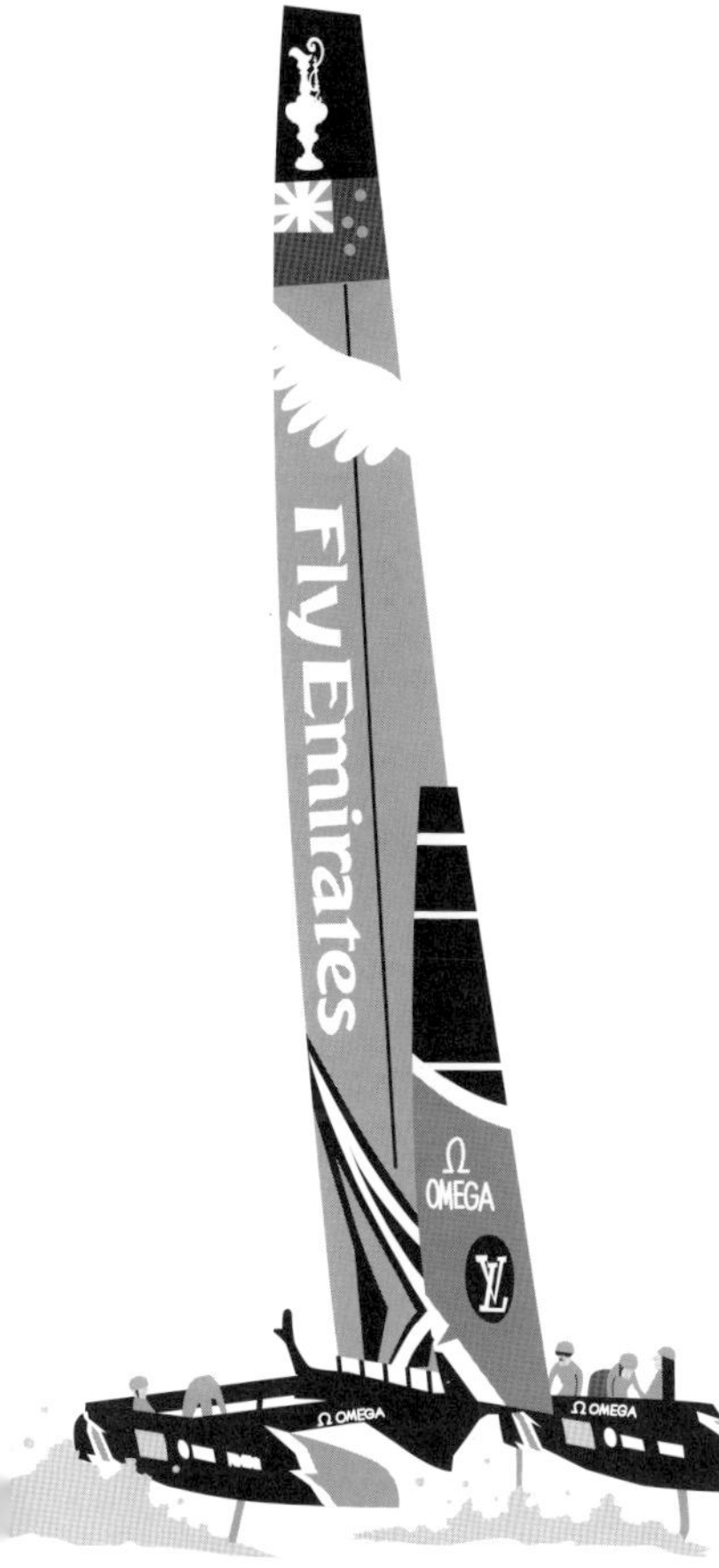

周辺機器が劇的に便利になったのに比べると、ヨット自体はほとんど変わっていません。そもそも、海の上で便利さだけを求めるなら、エンジンで動くモーター・ボートに乗ればいいのであって（実際、日本では、セーリング・クルーザーより大型モーター・ボートの登録台数の方が10倍多いそうです）、ヨットは、風の力だけで進むという原始性に楽しさの本質があるので、艇の進化は求められていないのです。

艇が変わらない代わりに、変わったのが価格です。都合のいいことに、リーマン・ショック以後、破産した金持ちが手放した**中古艇**がたくさん出回っており、たとえば、20年落ちの30フィート級で５００万円（新品なら１５００万円はします）。26フィート級なら３００万円前後で買うことができます。ヨットの寿命は大筋30年なので、20年落ちを買っても10年は乗ることができ、定年後の楽しみとしては、ちょうどいい期間と言えます。

安くなったのは船体だけではありません。

バブル景気の頃、セゾン・グループ傘下の**西洋環境開発**という会社が、三浦半島の**逗子・葉山・シーボニア**（油壺）の３つのマリーナを買収し、クルーザー・ブームを起こそうとしたことがありました。この３つのマリーナは、いずれも都心からのアクセスがよく、セーリングの聖地・相模湾に一足で出られる上、施設がとてもオシャレなので、係留費が日本一高いと言われた３大高級ハーバー。が、クルーザー・ブームが起こる前にバブルが崩壊してしまい、西洋環境開発も倒産。そこから、日本のマリン・

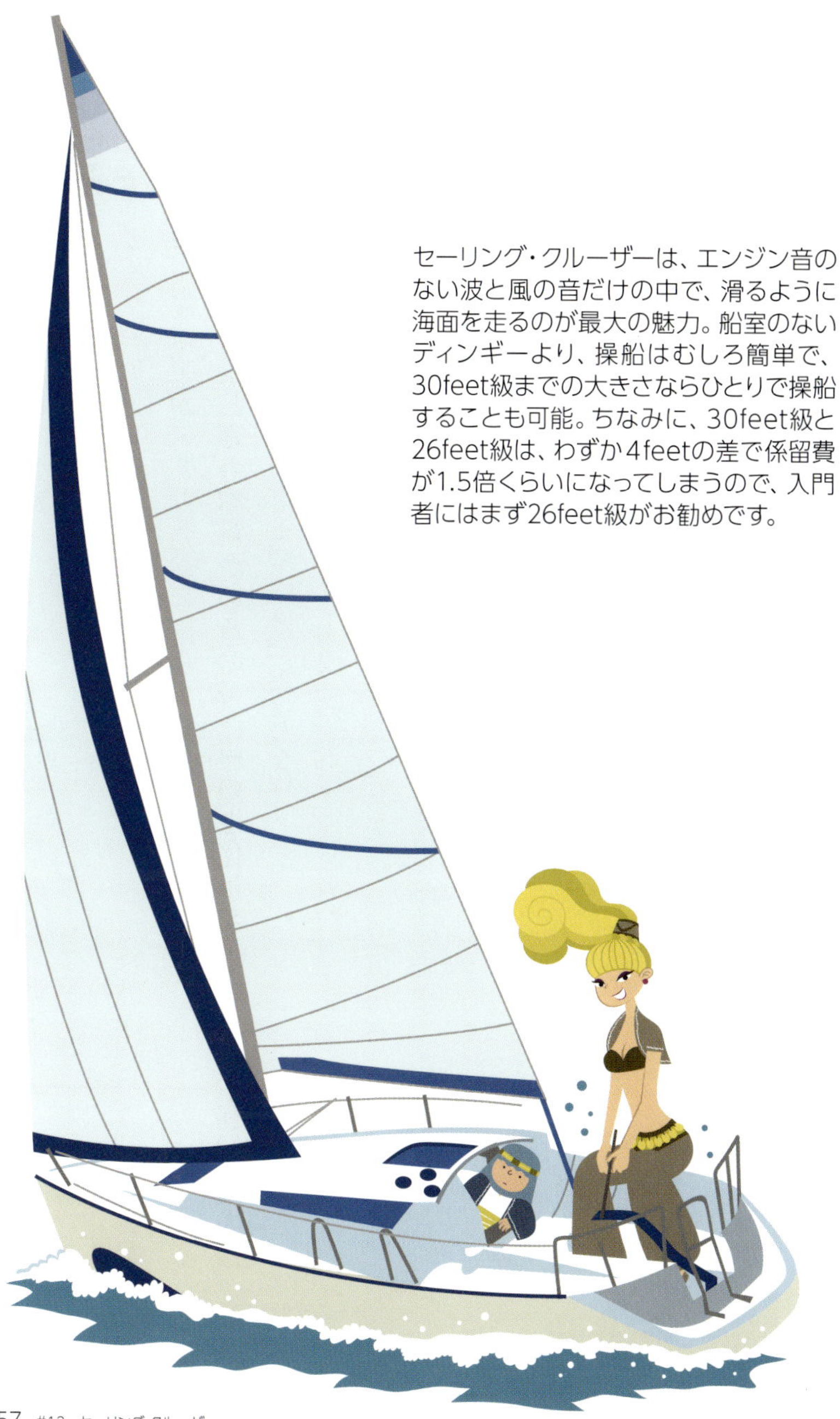

セーリング・クルーザーは、エンジン音のない波と風の音だけの中で、滑るように海面を走るのが最大の魅力。船室のないディンギーより、操船はむしろ簡単で、30feet級までの大きさならひとりで操船することも可能。ちなみに、30feet級と26feet級は、わずか4feetの差で係留費が1.5倍くらいになってしまうので、入門者にはまず26feet級がお勧めです。

レジャーは長い低迷期に突入しました。今は、逗子・葉山・シーボニア、3つまとめて**リビエラ・リゾート**という会社の所有になっています。

このリビエラ・リゾートが係留費用を値下げしてくれたおかげで、逗子・葉山・シーボニアの係留費は、30フィート級で年間150万円前後、26フィート級で約100万円。バブル期よりはぐっと安くなりました。今は、26フィート級のクルーザーの場合、購入して20年間保管するのにかかる費用は、総計2300万円。ということは、ひとりで払ったとしても、年115万。月9万5千円。田舎に別荘を持つより安上がりと言えます。

さらに、これらのマリーナには月会費制でクルーザーを共同所有する「マリン・クラブ」があり、クラブに入れば、艇のメンテナンスから離岸・接岸まで、面倒を見て貰うことができます。

ク

ルーザーを、自分で帆を上げ下げして操るには、それなりに訓練が必要で、その訓練を受けるには、昔は、大学のヨット部に入るのが一番手っ取り早かったのですが、今はどこの大学もヨット部が壊滅状態。なにしろヨットってやつは、ハーバーが駅から遠いわ、荷物はたくさんあるわで、クルマが不可欠な遊びなのですが、昔は、部内にクルマを持っている学生が必ず2〜3人いたのが、今は運転免許すら持っていないため、荷物を抱えて電車とバスでハーバーに行かなければならず、その面倒臭さゆえに敬遠されているのです。

昔はヨット部あがりの若者を金で雇って操船させるオーナーが大勢いましたが、今はヨット部出身者が皆無になってしまったため、そうした御大尽遊びは影を潜め、夫婦でヨットスクールに通って操船技術を学ぼうとする50代後半のオーナー志願者が増えているそうです。実際の話、スクールに1週間マジメに通えば、ひと通り操れるようになると言います。

近年、日本全国の海岸には、小型船舶が寄港して給油したり一泊したりできる「道の駅」ならぬ**「海の駅」**が165ヵ所もできており、ヨットスクールに通う50代は、定年後に「海の駅」を巡って日本一周しようと夢見る人も多いのだとか。

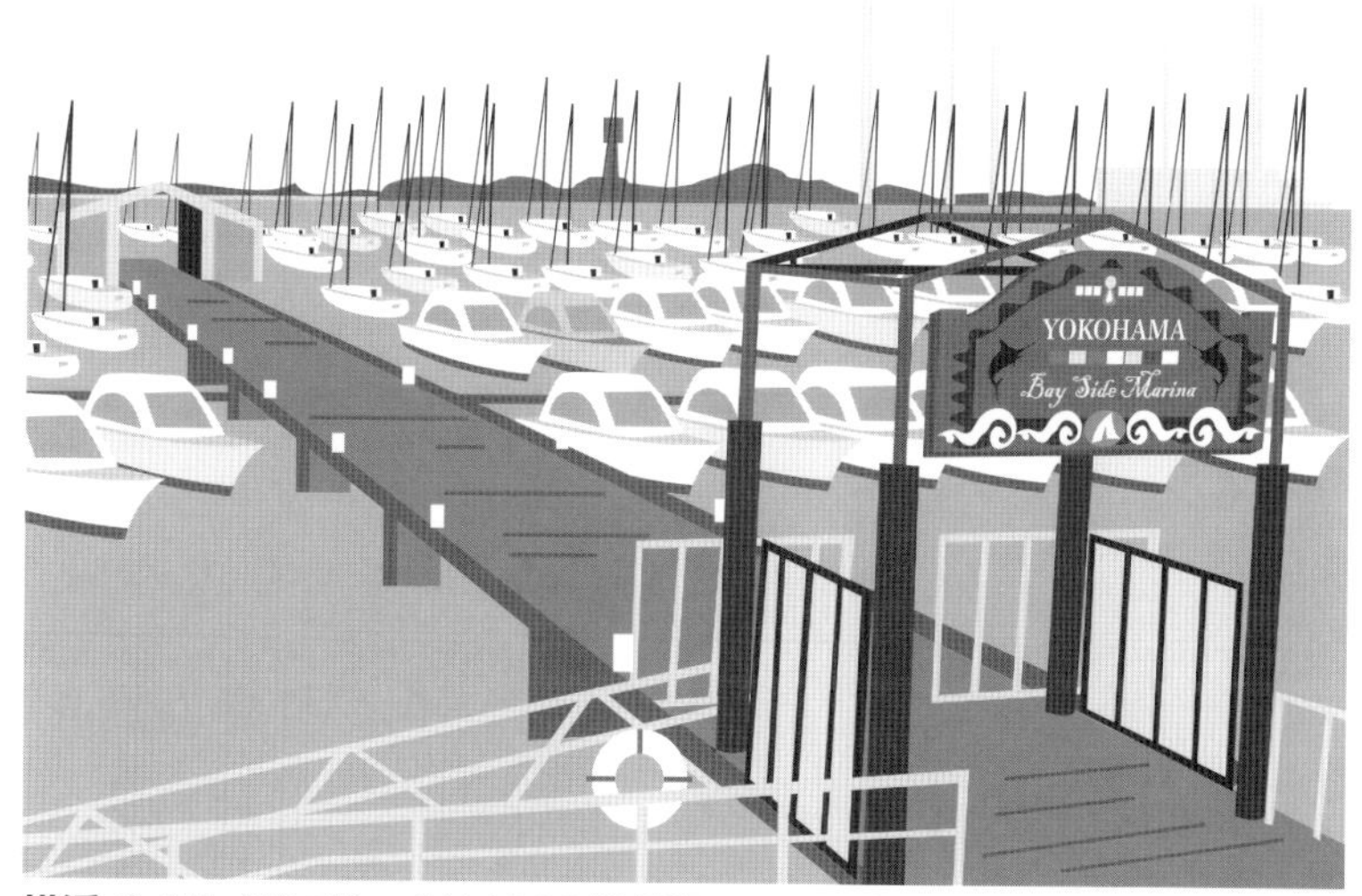

横浜ベイサイドマリーナは1000艇係留できる日本最大級のマリーナ。神奈川県内の川に不法係留されていた船を収容するために作られたマリーナなので、係留費が安いのが特徴。「海の駅」でもあります。
☎ 045-776-7590　神奈川県横浜市金沢区白帆1

艇をハーバーに置いたまま「男の隠れ家」としてリスニング・ルーム代わりに使うもよし、夫婦で全国の「海の駅」を巡るもよし、王さまも、定年後の夢として、頭の片隅に、セーリング・クルーザーをとっておいてはいかがでしょうか。え？　なに？　老後はジニーと過ごしたい？　まあ、王さま、お上手なこと。いけませんよ、ジニーは本気にしてしまいますから。

今宵許された物語はここまでといたします。明日、お聞かせするお話は、今宵のものより、もっと心躍りましょう。

13

マウンテンバイク

MOUNTAIN BIKE

転車は、大人になるための大事な通過儀礼。どこの国でも、子供は、自転車に乗り始めたとたん、行動範囲が広くなり、未知の世界に足を踏み出し、大人への階段を一段上ります。きっと王さまもそうやって成長なさったことでしょう。

とくに王さまの世代にとって思い出深いのが、マウンテンバイク（＝**MTB**）ではないでしょうか。MTBは1990年代に世界的なブームとなり、当時、王さまのお国では、ママチャリよりMTBの方が売れていたそうです。でも、最近は街であまり見かけませんよね。MTBは今、どうなっているのでしょう？

マウンテンバイクは、1974年、サンフランシスコのゲイリー・フィッシャーという自転車のロード・レースの元選手が、砂浜を走る自転車（ビーチ・クルーザー）にツーリング用のギアとモトクロス用のブレーキをつけ、近くのタマルバイアス山を下ったのが始まりです。その後、サンフランシスコ周辺で、山下り専用の自転車がガレージ・レベルで作られるようになり、1981年には、今もトップ・ブランドの**スペシャライズド**社が初の量産車を発売しました。

1996年にはスノーボードのチャンピオン、ショーン・パーマーがMTB競技に参戦。それまでストイックだった自転車の世界に、刺青・葉っぱ・女、というスノーボーダーのファッションを持ち込み、MTBはイケてる横ノリ系スポーツとして、若者層に急速に普及していきました。とくに、オーストリア、スイス等の海のないヨーロッパの山岳国のスノーボーダーは、夏でもサーフィンができないため、MTBに熱中。アメリカ以上にヨーロッパで人気が爆発しました。オーストリアに本社を持つレッドブルがMTB競技を世界的にサポートしているのも、90年代以降、レースでアメリカ人がいっこうに勝てないのも、そのためです。

MTB競技は、**ダウン・ヒル**と**クロス・カントリー**の2つに大別されます。全長4～5キロの急斜面を一人ずつ下ってタイムを競うのがダウン・ヒル。1周5キロ以上のコースを100人近くで一度に4～5周するのがクロス・カントリー。前者は、ショーン・パーマーの影響か、今もパンクなストリート・キッズが多く、後者は、アウトドアが趣味のマジメ人間が多いのが特徴です。

ショーン・パーマー(1968～)
スノーボードの伝説のチャンピオンで、MTBのワールドカップでも優勝。スキークロスやモトクロスでも優勝している天才アスリート。

ゲイリー・フィッシャー(1955～)
MTBの産みの親。自身のブランド(現在はトレック傘下)を立ち上げ、近年も、安定性の高い29インチの自転車を開発し、普及させています。

使う自転車も、ダウン・ヒル用は重いサスペンションがついたゴツい車体なのに対し、クロス・カントリー用はダイヤ型のフレームの華奢な感じ。90年代に爆発的に売れたのはダウン・ヒル用ですが、最近はそのどちらでもない、細い山道（**トレイル**）を走るための**レクリエーション・バイク**が発達。その延長線として、オートバイのように太いタイヤを履かせた**ファット・バイク**と呼ばれるMTBも流行しています。

また、パーツはMTBだけどタイヤはロード・バイク並みに細い、MTBとロード・バイクのちょうど中間の、**クロス・バイク**という車種もあり、こちらは価格が7万～10万円と手頃なこともあって、都市での通勤用の自転車として人気を呼んでいます。

通勤用自転車は、現在の日本市場では、ロード・レース用の**ロード・バイク**が8対2の比率でMTBを圧倒しています。ロード・バイクがこれほど普及したのは、何と言っても軽くて速いから。

クロス・バイク
MTBとロード・バイクの中間車種。主に通勤用として流行中。イラストは定番のトレック7.5FX（12万5000円）。

ファット・バイク
トレイル走行用として、流行中。ぶっといタイヤがサス代わりになるので、基本サスはありません。

クロス・カントリー用MTB
90年代のMTBには、サスペンション用のごついバネがついていましたが、最近のMTBはダウン・ヒル用もクロス・カントリー用も、半分以上が**エア・サスペンション**になり、軽量化しています。

初めて乗った人にとって、ロード・バイクは、坂道はスイスイ上れるわ、自動車は抜いちゃうわ、まさに「魔法のじゅうたん」。そのため、都会の先端人種の毎日の足として人気を呼んだのでございます。

しかしながら、東京の公道は意外とバリア・フリーではないので、タイヤの細いロード・バイクですと歩道の段差を越えただけでパンクしてしまう場合があります。MTBは、スピードこそ遅いものの、段差には強いし、スリップしにくいし、乗り心地もソフト。都市の通勤用の自転車としては、むしろMTBの方が向いていると申せます。

ところで、MTBで走るのに最適な山道（トレイル）は、草が生えたり嵐で木が倒れたり、あるいはMTBが上を走るだけで崩れたりするので、**トレイル・メンテナンス**と呼ばれる補修作業が不可欠。マウンテン・バイカーはこれを自分の手でやりたがります。さらに、そのトレイルまでは自分のMTBを漕いで行くのが理想なのですが、東京ですと、トレイルは狭山丘陵か奥多摩まで行かないとありません。ちなみに東京近郊のトレイルは地名に「二ッ塚峠」「六道山」「七国峠」というふうに数字がつくため、**2トレ・6トレ・7トレ**と呼ばれています（左ページ地図参照）。都心から奥多摩までMTBで往復するのはさすがに大仕事なので、マウンテン・バイカーの中には、サーファーがいい波を求めて九十九里に住むように、トレイルを求めて奥多摩に住んじゃう人もいるそうです。

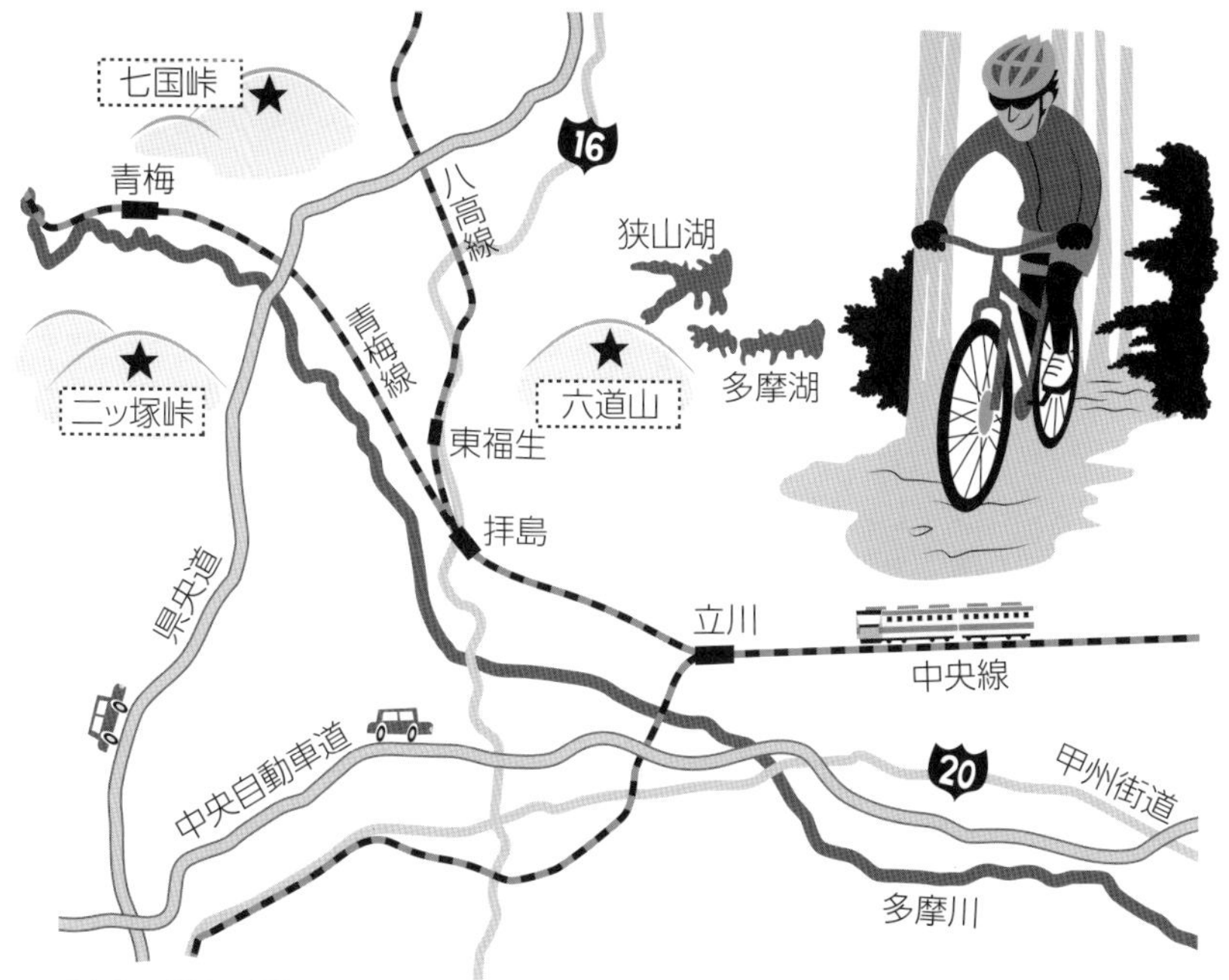

2トレ・6トレ・7トレMAP
2トレ（=**二ッ塚峠**）は青梅市と日の出町の境、**6トレ**（=**六道山公園**）は武蔵村山市から瑞穂町にかけて、**7トレ**（=**七国峠**）は青梅市と飯能市の境にあります。

街の真ん中に住んでいても、トレイルまで自分で自転車を漕いで行ける、マウンテン・バイカーにとって理想の都市が、日本に一つだけあります。それは、京都です。アムステルダムにしろコペンハーゲンにしろ、自転車文化が定着しているヨーロッパの街は、通りを走る自転車のスピードがやたら速いという特徴がありますが、京都も同じ。京都は日本一の自転車文化都市なのです。

が、京都に住んでいない限り、日本のマウンテン・バイカーは、自転車をワゴンに乗せてトレイルまで運ばなければなりません。昔は、ルーフ・キャリアで屋根の上に積む人が多かったのですが、そういう人は、一度はファミレスに入るときに駐車場の天井にぶつけ、何十万円とするＭＴＢをパーにしてしまっているので、みんな懲りて、最近は前輪・後輪をはずして荷台に積むようになりました。ちなみに、ＭＴＢはレンチやドライバーを使わなくても、手だけで前輪・後輪をはずせる仕組みになっています。

MＴＢは、１９９６年のアトランタ大会から、クロス・カントリーが五輪の正式種目として採用されています。最近の五輪のＭＴＢ競技はショウアップのため、ロンドン五輪の**ハドレー・ファーム**といい、リオ五輪の**X-Park**といい、見るからに楽しそうな、誰もが走りたくなるコースを造るのが常識。２０２０年の東京五輪でも、当初はそういうコースが東京湾沖の埋立地「海の森」に造られる予定で、もしもこのコースが造られていれば、五輪後は東京湾でＭＴＢが楽しめたはずだったのですが、残念ながら、経費節減のため、伊豆の既存のコースに移されてしまいました。

もしも王さまがＭＴＢを本格的に始められるなら、まずは、スキー場が夏の間だけＭＴＢのコースとして営業している山梨県の「**ふじてんスノーリゾート**」とか長野県の「**富士見パノラマリゾート**」に行かれ、青々とした草のコースで練習されてはいかがでしょうか。

再び夜が明けてまいりました。今宵許された物語はここまでといたします。明日、お聞かせするお話は、今宵のものより、もっと心躍りましょう。

14

オートバイ

MOTORCYCLE

自転車の次は、オートバイのお話です。え、何？　オートバイは不良の乗り物じゃないか、ですって？　仰せの通り、この国のオートバイは、ドラマ『スクール・ウォーズ』で不良が学校の廊下を走らせたり、尾崎豊が『15の夜』で「盗んだバイクで走り出す」と歌ったりしたように、昔から少年たちの反抗の象徴でした。

が、バイクを乗り回す非行少年、いわゆる暴走族は、若者が厳しい上下関係を敬遠するようになったのと、バイクを買う金がなくなってしまったのとで、警視庁調べでは、ピークの1982年には全国で4万2510人いたのが、2016年には5265人にまで減少。もはやレッドデータブックに載せなければならない数にまで減ってしまっています。

現在、この国でオートバイに乗っているのは、本当にバイクが好きな40代以上の大人だけ。オートバイは、他の多くのアウトドア・スポーツ同様、いい感じの大人の趣味になっているのです。

暴走族の減少とともに、かつてオートバイに課せられていた厳しい規制は、過去30年、ひたすら緩和されつづけてきました。

たとえば排気量はメーカーの自主規制で750cc以下に制限されてきましたが、まず、この自主規制が1989年に撤廃。バイク免許は、**小型**（125ccまで）、**普通**（通称**中免**。400ccまで）、**大型**（制限なし）の3段階があって、かつては大型免許を取るには、一度中免を取ってから試験場で「限定解除審査」を受けなければならず、その合格率は

アメリカ製バイクの**ハーレーダビッドソン**は、大型車としては、一時国内で一番売れていた車種（175ページ参照）。いくつかのファミリーに分かれていますが、ツーリング・ファミリーの代表がこの**FLHTCU**。普通は空冷エンジンですが、これは珍しく水冷です。

1割以下だったのですが、１９９６年に制度が変わり、大型も普通に教習所で取れるようになりました。さらに２０００年には、高速道路でのバイクの最高速度が80キロから１００キロに引き上げられ、２００５年には高速道路での二人乗りもＯＫになりました。

ところが、こうした規制緩和と裏腹に、駐禁の取り締まりが加速度的に厳しくなったため、オートバイは都会の足として使いにくくなり、バイク通勤者が自転車通勤にシフトし、１９８２年に年間３２９万台あった国内のバイク販売台数は、２０１６年には10分の１の33万８千台に減少（しかもその大半は原チャリかスクーターです）。現在、日本には**ホンダ**、**ヤマハ**、**スズキ**、**カワサキ**の４つのバイク・

ウェアは、防護用のパッドを内蔵したライダース・ジャケットが主流。外見がゴツく、生地は安全を考慮して厚め。袖口は風が入らないよう袖口が絞ってあり、前も風の侵入を防ぐためにダブル・ファスナー。前傾姿勢で乗っても背中が出ないよう、裾が長めなのも特徴です（昔のような革のつなぎは影を潜めました）。
最近のバイクはキャスト・ホイールが主流ですが、クルーザー、ブリティッシュ、オフロードは、昔ながらのスポークが主流。スポークだと、チューブレス・タイヤが使えないのでパンクが大敵です（まあ、最近のタイヤは滅多にパンクはしませんが）。

メーカーがありますが、トップのホンダの国内販売台数は22万台なのに対し、全世界では1547万台！　もはやメーカーにとって、日本はどうでもいい市場なのです。

但し、10分の1に減ったのは新車販売台数であって、保有台数は1818万台→1095万台と、たかだか4割減。つまり、日本では新車の代わりに中古バイクが売買されている、ということ。どうりで、テレビで新車のCMはまったく見ない割に、「バイクを売るならGo～バイク王」のCMはよく見るわけです。

そして、ここに来てようやく新車販売台数の減少も底を打ち、最近、オートバイは、子育てが一段落した大人を中心に、少しずつまた売れ始めています。

オートバイは、**オンロード**と**オフロード**の二つに分類することができます。オンロードとは一般の舗装道を走るためのバイクで、オフロードとは荒れた山道を走るためのバイクのこと。

オンロード・バイクの頂点とも言えるのが、**スーパー・スポーツ**（＝**SS**）と呼ばれる、加速やコーナリング等の運動性能がやたら高い、超前傾姿勢で乗るフルカウルのバイク――早い話がレーサー・レプリカ。日本は騒音や排気ガスの規制が世界一厳しいので、海外で販売しているSSを国内で売ることができず（SSは基本海外向けです）、ホンダは海外モデルよりやや性能の落ちる**CBR**という国内向けモデルを投入。ヤマハも同趣向の**YZF-R1**を出していますが、カワサキとスズキは、国内向けは出していません。

このフルカウルのSSが、他の車種に比べてよく売れたため、フルカウルではない従来のバイクは、SSと区別する意味で、近年は、**ネイキッド**と呼ばれています。一番売れているのは**ホンダCB1300**シリーズ。ネイキッドはボリューミーな外見の割にハンドリングもエンジンもクセがなく、初心者にも乗りやすい車種と言えます。

また、ネイキッドの中には、**スーパー・ネイキッド**（別名ストリート・ファイター）とも呼ばれる、よりスポーツ・テイストのタイプや、英国の**トライアンフ・ボンネビル**に代表される**ブリティッシュ**と呼ばれるクラシックなタイプもあります。

王さまのように腹が出たオッサンが乗るのに一番向いているのは、最も後傾姿勢で乗

スーパー・スポーツ
国内向けSSの代表、**ホンダCBR1000RR**。

ネイキッド
一番売れている**ホンダCB1300**。

ブリティッシュ
和製ブリティッシュの代表、40年間スタイル不変の**ヤマハSR400**。エンジンは空冷。空冷エンジンは見栄えはいいけど、音がうるさいのが特徴。残念ながら、2017年9月で生産終了。

れる、**クルーザー**と呼ばれるカテゴリーかもしれません。代表車種は、アメリカの**ハーレーダビッドソン**。舗装の行き届いたアメリカのフリーウェイをノンビリ長く走るために発達したバイクで、車体や排気量は大きければ大きいほど疲れないと言われています。

日本のバイク・メーカーは、ユーザーが自分でタンクを外してプラグを替えたりしなくてもいいよう、部品の精度を向上させてきましたが、ハーレーはそこが遅れていたため、購入者が自分で色々いじらなければならず、皮肉にもそれが却ってバイク好きのオヤジに受け、大型車の中ではハーレーが一番売れている時期があったそうです。

さて、オンロード車にはもう一つ、車高が高くてサスペンションのストロークがあり、悪路走行も可能な、**アドベンチャー**（次ページイラスト参照）と呼ばれる車種があります。昔はBMWの独壇場でしたが、近年は、**ホンダ750X**を筆頭に、国内4社もこぞって出しており、隠れた人気車種と言えます。

一方のオフロード車ですが、こちらは、車高が高い上に乗車姿勢が垂直に近いので、渋滞の間をすり抜けても自動車の横に突き出したフェンダー・ミラーが肘に当たらず、バイク便の人たちが好んで使ってきました。

こちらのタイプでは、最近はオフロード車にオンロード用タイヤを履かせた、**モタード**と呼ばれるタイプが全盛。昔のバイク乗りは、こういう改造は自分で行ったものですが、今はメーカーが最初からオンロード・タイヤを履かせた車種を出しています。

どの車種のバイクに乗るにせよ、王さまがこれからお始めになるのなら、車検不要の250ccクラスをお勧めします。このクラスにはあらゆる車種が揃っており、一番盛り上がっていますから。え、何？　おまえと250ccでツーリングがしてみたい？　いいですよ、王さま。どこか遠くの山合いの温泉にでもまいりましょう。昼間は安全運転で。夜の宿では暴走して。

　さあ、今宵許された物語はここまでといたします。明日、お聞かせするお話は、今宵のものより、もっと心躍りましょう。

モタード
元々は、舗装路とダートの両方を走るレース「スーパー・モタード」用の車種。上図は**ヤマハ WR250X。**

アドベンチャー
BMW R1200GS。アドベンチャーは元々はBMWが作ったジャンル。長距離を走るのに適しています。

＃15

スノーボード

SNOW BOARD

停まるといちいちビンディングをはずさなければならないスノーボーダーと、カフェで歩きにくそうなスキーヤー。どっちもどっちです。

最初の晩にスキーのお話をいたしましたので、私、もうお話しした気になっていましたが、スノー・スポーツにはもう一つ、忘れてはならないスノーボードという重要なジャンルがございます。

スキーヤーはスノーボーダーのことを、リフトに乗ったりゲレンデで休んだりするとき、いちいちビンディングをはずさなければならない面倒臭い連中と思っていますが、スノーボーダーもまた、スキーヤーを、足首までガッチリ固定された靴を履き、カフェテラスでも前屈みに歩かなければならない不格好な連中と思っています。つまり、この両者は、折り合いが極めて悪いのです。

スノボにも、スキーのように足首まで固定する**ハード・ブーツ**がありますが、スノーボーダーの大半が履いているのは、フニャフニャの**ソフト・ブーツ**。スノーボーダーがスキーヤーに比べて女子が多いのは、ブーツがUGG（アグ）みたいでかわいいからです。

スノボは、靴だけでなく、板もウエアも女性向けのカラフルでかわいいものが揃っていますし、実際にやるときはスキーに比べれば脚力が不要。緩斜面なら、初心者でもフォームの悪さが目立ちませんし、普通に滑れるレベルに達するのもスキーよりずっと早いと言います。女性を誘うなら、スキーよりも断然スノボなのでございます。

スノーボードはもともと、冬でもサーフィンをしたいアメリカ西海岸のサーファーたちが雪の上で始めた遊びです。1963年、中学2年のときにスケボーを加工して最初のスノボを作ったトム・シムスも、1965年に、2人の娘のためにスキーをボルトで繋げて1つの板にしたスナーファーを作ったジャーマン・ポッペンも、元はサーファーでした。初期のスノボにはサーフボードのようなフィンすらついていたと言います。

スノボからフィンが取れ、代わりに金属製のエッジや、靴を固定するビンディングが付いたのは、1970年代後半。そうした今の形のスノボを最初に量産して成功したジェイク・バートンは、元は東海岸のスキーヤー。スノボは、サーファーが産んだ板にスキーヤーが改良を加えて進化した遊びなのです。

1983年にはスノーボードの最初の世界選手権が開かれ、発明者のトム・シムスが初代チャンピオンに。シムスは、2年後に製作された映画『007 美しき獲物たち』で、ロジャー・ムーア演じるジェームズ・ボンドのスタントとして、スクリーンで初めてライディングを披露。これが、スノボが世界中に知られるキッカケになりました。

日本に上陸したのは1980年代初め。当初は、**逆エッジ**がきいてゲレンデの真ん中で突如転倒するボーダーにスキーヤーが激突したり、リフトからボーダーが勝手に飛び降りて周りのスキーヤーが振り落とされたりする事故が頻発したため、多くのスキー場がスノボを禁止していました。上陸後10年が経過した1994年の時点でも、日本のスノボ人口は30万人に過ぎませんでしたが（この年のスキー人口は1860万人！）、バブル崩壊でスキーヤーが激減すると、スキー場も背に腹は代えられず、スノボを続々解禁。長野五輪が開かれた1998年には、スノボ人口は一気に400万人にまで達しました。

その間、日本ではボード・メーカーが乱立。スノボの板のメーカーはスキーに比べて国内の小規模な会社がやたら多いのが特徴で、世界のスノボ界は、ジェイク・バートンが興した**バートン**が昔も今もトップですが、国内は、**GENTEMSTICK**、**パイオニアモス**、**眞空雪板等**、**RICE28**といった国産ブランドが乱立しています。

その後、スキー人口は減り続けましたが、スノボ人口は400万人前後で下げ止まり。2009年以降、スキー人気が持ち直したため、再び差が広がりましたが、2016年はスキーが330万人、スノボは250万人と再び接近しています。が、これは、参加者の減り方がスキーよりスノボの方が緩やかだったというだけの話で、スノボ人口が増えたというわけでは決してありません。冬季五輪で平野歩夢が２大会連続で銀メダルを獲ろうが、ムダに美人の藤森由香が活躍しようが、参加人口の増加にはまったく繋がりませんでした。今どきの若者にとって、トップの選手は憧れの対象ではなく、自分とは無関係の凄い人でしかないので、テニスやゴルフがそうであるように、いくらトップが活躍しても、若者はまったく動かないのです。

トム・シムス(1950〜2012)
1975年に設立した**シムス・スノーボード**は一時はバートンと肩を並べるトップブランドでしたが、倒産。日本では2015〜16シーズンに SIMS SNOWBOARDS JAPANとして復活しています。

ジェイク・バートン(1954〜)
1977年に設立した**バートン・スノーボード**は、スノーボードのトップ・ブランドに成長。ショーン・ホワイトも平野歩夢もバートンの契約選手です。

ところで、スノーボードには、ゲレンデのコブを飛んでジャンプの技のカッコよさを競う**フリー・スタイル**と、スキーのようにスピードやターンを愉しむ**アルペン**の2つのスタイルがあります。最初に紹介した、UGGのようなソフト・ブーツを、足の甲からくるぶしまで包むハイバック・タイプのビンディングで板に固定するのがフリー・スタイルで、硬い殻で覆われたハード・ブーツを、スキーのように爪先と踵だけでビンディングで固定するのがアルペン。昔も今も、多いのは9対1でフリー・スタイルです。

　そのため、スキー場はいっとき、山のふもとに、技をキメるためのハーフパイプ、ジャンプ台、レールを備えた**スノーパーク**を作り、フリー・スタイル指向のボーダー

【フリー・スタイルとアルペンの違い】

	フリー・スタイル	アルペン
ブーツ	そんなに緩くていいのかというくらい緩め 	スキーとほぼ同じ
ビンディング	くるぶしまで包み込むタイプ 	スキーと同タイプ  
板	ズングリしたシルエット	サイドカーブがきつい型

【パウダー用ボードの種類】

最近流行中のパウダーボードは、サーフィンのオルタナティブの板によく似た、テールに切れ込みのあるシルエット。右の3点はいずれも国産のモデルです。

の集客に励みました。が、パイプやジャンプ台で跳んだり回ったりするには凄い技術が必要で、それでも昔のボーダーは「なんちゃって」でトライしていたのですが、今の若者は無謀なトライは絶対にしないので、誰もスノーパークに入らなくなり、パークは高い技術を持ったボーダーだけの「パイプ道場」と化し、一般人は離れてゆきました。

代わって流行りだしたのが、スキー同様、**バック・カントリー**で粉雪の上を滑る快感を味わう、**パウダーラン**です。

そもそもスノボは、板の面積が大きいので、スキーより浮力があり、深い新雪の上を滑るのに適した道具。1990年代にスノーパークでスノボを始めたボーダーたちも、今や40代。いつまでもパイプでピョンピョンはなかろうと、次第にリフトに乗って山の上まで登り、パウダーランを愉しむようになりました。

こうしたパウダー指向のボーダーには年長者が多く、ゲレンデに金を落としてくれるので、スキー場側も大歓迎。スノーパークに代わり、バック・カントリーをガイド付きで滑るガイドツアーが、ビジネスの主力になり始めました。

フリー・スタイル用のボードは右向きにも左向きにも滑れるよう（滑りの向きを変えることを**スイッチ・スタンス**と言います）、前にも後ろにも反りがついていますが、新雪の上ではスイッチ・スタンスをすることはないので、バック・カントリー用ボードは、反っているのは前だけ。後ろは平らな代わりに、板を左右別々にしならせてエッジが雪面を捉えやすくするための切れ込みが入っています（前ページイラスト参照）。従来の板ですと、粉雪を抜けてガリガリの氷結面に入ったときエッジがきかなくてタイヘンだったのですが、この形ですと氷結面でもＯＫ。前後が両方反った板より高い値づけでも売れるので、メーカーにとってもウハウハ。一番の売れ筋商品になっています。

最近のスノーボード・ギアでもう一つ話題なのが、バートンが２０１７〜１８年シーズンに発売したワンタッチではまる**ステップオン・ビンディング**です。

スキーと違い、スノーボードは靴がフニャフニャなので、踏み込んだだけで板にピタッと固定できるステップインのビンディングは、これまで一度も普及したことが

パウダーラン派は道具好きなので、**ビーコン**（自分の位置を知らせる発信器）、**プローブ**（雪の下に埋まっている人の位置を特定する棒）、**シャベル**の三種の神器をバックパックに詰め、さらに、スノボ専門ブランドではなく、パタゴニアやコロンビア等のアウトドア・ブランドのウェアを着て、山頂を目指します。

2017〜18シーズンに登場したバートンの**ステップオン・ビンディング**は、かかとと爪先の左右にちょこっとついた金具で固定するだけ。ブーツに仕込まれたワイヤーをダイヤルで締める**ボア・システム**で足首を固定するだけで、ストラップもついていない画期的なシステムです。

ありません。いくつかのメーカーが、ブーツの底にガッツリ金属を貼り、ごつい金具もつけた専用ブーツとセットのステップイン・ビンディングを発売してきましたが、ボーダーたちは「靴が重すぎる」「初心者っぽくてカッコ悪い」「雪の感触がじかに足裏に伝わらないのでダメだ」などと言って、ずっと敬遠してきました。

　ところが、バートンのステップオンは、ブーツの裏に金属を貼らず、金具も爪先の左右とかかとについているだけ。軽い上に、滑っても違和感がない画期的なシステムなので、注目されています。

ボーダーのバック・カントリー指向は、スキー場の運営そのものも変えました。たとえば福島の**猫魔スキー場**や群馬の**ホワイトバレースキー場**は、客の入りの悪い平日にコースを意図的に閉鎖して新雪を積もらせ、擬似的なバック・カントリーを作り出して、土曜の朝からそこに客を入れる「**パウダー貯金**」を実施していますし、志賀高原**焼額山スキー場**や**川場スキー場**では、朝イチでリフトを動かして客を新雪の積もった山頂に運ぶ**ファーストトラック・サービス**（有料）を実施しています。

そうそう、スキー場と言えば、近年、この国のスキー場が、**マックアース**という会社に次々に買い取られているのをご存じでしょうか？　マックアースは、２００８年に、国境高原スノーパーク（旧・国境スキー場）を取得したのを皮切りに、戸狩、斑尾、乗鞍、神立など、今では34ものスキー場の運営権を取得。それぞれのスキー場に、若いスノーボーダーを集めて再生させています。マックアースの名前を知っているかどうかで、スノーボーダーは年代が二分されると言っても過言ではありません。

もう一つ、若者はみんな知っているのが、リクルート社が全国のスキー場と協力して２０１２年シーズンから展開している「**雪マジ19**」です。これは、19才、つまり大学１年生の時点でスキーやスノボを始めて貰えば、その先、ずっとスキーやスノボをしてくれるだろう、というもくろみで、19才の若者の平日のリフト料金を無料にしたキャンペーン。２０１７年シーズンは、全国１９０のスキー場が参加。利用者の８割はスノーボーダーだそうで、それを考えると、日本のスノボの新規流入者数は、スキーよりははるかに多いと申せましょう（ちなみに、ヨーロッパではスノーボードの衰退が著しく、ゲレンデに於けるスノーボーダーの比率は、１割程度にまで減少してしまっているそうです）。

ほかにも、**プリンス・ホテル**は２０１２〜１３年シーズンから、松花湖スキー場を除く傘下の全スキー場で、小学生以下のリフトを無料にしました。結婚して子供を持ったかつてのスキーヤー、スノーボーダーを、家族ごと刈り取ろうという戦略です。逆にシニア券と言って、50才以上のリフト券を安くしているスキー場もたくさんあります。

のように、スノボは前にも増して金のかかる遊びではなくなってきているのでございます。スキーもされたことがないと仰るなら、スノーボードから始められた方が、よろしいのではないかと存じます。

おや、またしても、東の空が白んでまいりました。今宵許された物語はここまでといたします。明日、お聞かせするお話は、今宵のものより、もっと心躍りましょう。

リア充王とジニーのその後の物語

ジニーの心躍る話は、そのあと、幾夜も幾夜もつづきました。

王さまは、話を聞くうちに自分もアウトドア・スポーツをやってみたくなり、ジニーの魔法のじゅうたんに乗って、外に出るようになりました。現場に行ってみると、ジニーが言った通り、どのスポーツも、長くつづいた不況のおかげで、料金は下がっているのに、参加人口は減ったままで、フィールドはガラガラ。それでいて、道具や設備は格段に進化しており、前よりずっと簡単で楽になっておりました。

王さまは、城の中にひきこもっている間、外で遊ぶ人の生活をSNSでのぞき見し、豊かな人生を送る人たちを「リア充」と呼んで敵視していたのですが、いざ自分も「リア充」の遊びをしてみると、楽しい上に、思ったほどにはお金がかからなかったのです。

そこで王さまは、アウトドア・スポーツに片っ端から手を染め、自分が遊んでいる様子をＳＮＳに上げるようになりました。すると、なんということでしょう。それまでムダ遣いを控え、ひたすらお金を貯め込んでいた国民が、「あの非リアの王さまが始めたくらいだから」と、マネをしてアウトドア・スポーツをするようになり、みんながお金を使うようになったおかげで、国全体が潤い始めたではありませんか。豊かさを取り戻した国民は、王さまを「リア充の王」、略して「リア王」と崇めるようになりました。

ある日、王さまは、自分が３つの願いの最後の１つをまだ残していることに気づきました。そこで、ジニーがいつものように許された物語を終わった後で、こう切り出しました。

「ジニー、私はおまえに3つめの願いをまだしていなかった。これから最後の願いを言おうと思う」

「何なりとお申しつけください」

「ジニー、私は、おまえを愛している。どうか私と結婚してくれ」

実はジニーも、王さまと二人きりで何度も朝を迎えるうちに、王さまのことを心から好きになっていましたので、目に喜びの涙を浮かべて答えました。

「喜んでお受けいたします」

こうして、王さまはジニーを妻にめとりました。

結婚後、王さまは城に優秀な書記を呼び、ジニーが夜伽で語った物語を書き記すことを命じられました。そして、金字の原本を王室の文庫に納められ、写本を全領土の隅々まで配られました。今、お手に取られていることの本が、その写本というわけでございます。

あとがき

バブル景気のころ、新聞やテレビは、今と同じように日本人の働き過ぎをしきりと指摘し、休みをとって遊ぶことを推奨していました。テレビのニュース番組のキャスターが必ず夏休みをとるようになったのも、あの頃からだったと思います。ただ、当時の若者は今の若者と違ってやたらとエネルギッシュで、休日もじっとしてはいられず、金曜の夜から寝ないでスキー場や海に出かけ、貪欲にスキーやサーフィンをしていたのですが……。冒頭の表に掲げた通り、当時の日本のスキー人口は１８６０万人、ゴルフ人口は１４４０万人、テニス人口は１３８０万人、キャンプ人口は１４５９万人、釣り人口は１９８０万人——若者は、これらのスポーツを少なくとも２つ以上やっていた計算になります。

思い返せば、こうした状況を日本にもたらしたのは、雑誌「POPEYE」でした。

話は少しさかのぼりますが、１９７５年にベトナム戦争が終わると、アメリカ兵は戦地から故郷に戻り、心の傷を癒やすため、太陽のもとで身体を動かし始めます。とくにカリフォルニアでは、スキー、サーフィン、テニスから、新登場のスケートボード、スノーボード、マウンテンバイク、フリスビーに至るまで、様々なアウトドア・スポーツが大流行しました。その流れをいち早く摑んだのが、平凡出版（現マガジンハウス）の編集者・

木滑良久さんです。木滑さんは、読売新聞の依頼を受けて、取材のためにスタッフをアメリカ西海岸に送り、「SKI LIFE」「Made in USA」というムックを編集・発行。これに手応えを得て、1976年に平凡出版で雑誌「POPEYE」を創刊し、西海岸のアウトドア・スポーツとその周辺のライフ・スタイルを次々に紹介していきます。この雑誌に、学生運動と距離を置き、「シラケ世代」とも「新人類」とも呼ばれていたボクらの世代が、飛びついたのです。

「POPEYE」が最初に流行らせたのは、テニスでした。

それまで日本のテニスは、皇太子殿下もたしなまれるヨーロッパ式のハイソなスポーツでしたが、「POPEYE」がアメリカ式のカジュアルなテニスを紹介したおかげで、お金のない大学生にも見直され始めたのです。折しもテニス界では、コナーズ、ボルグ、マッケンローの3強が揃って全盛を迎え、加えて、誰でも真芯で打てるフェースの大きな「デカラケ」が発明されたため、人気が爆発。慶応とか立教とかいった私大のキャンパスでは、テニスもしないのにラケットを持ち歩くことがファッションになりました。

つづいて1979年、映画『ビッグ・ウェンズデー』の公開とともに、サーフィン人気が爆発します。あの当時、本当にサーフィンをしていた若者はごくわずかでしたが、サーファーのファッションに目覚めた女子たちは、彼氏にサーファーであることを求め、男たちはしかたなく、サーフィンなんかできないのにボードをクルマのルーフ・キャリアに積み、六本木のサーファー・ディスコの前をウロウロし始めました。

そして、この二つのブームを通じ、日本のスポーツは、心身を鍛えたり競技での勝利を目指したりすることから、余暇を異性と楽しく過ごすためのレジャーへと大きく舵を切ったのです。

さらに、1980年、松任谷由実さんが、アルバム「サーフ&スノウ」を発表。女性たちが神と崇めるユーミンが、「これからはサーフィンとスキーよ」というご託宣を歌で与えたことが、その後のレジャー・スポーツの隆盛を決定づけます。

1985年、関越・東北自動車道、上越・東北新幹線が開通し、スタッドレス・タイヤ、スキー宅配便、高速リフトといったものが次々に登場すると、空前のスキー・ブームが到来（このブームが一番大規模でした）。さらに、東京ディズニーランドの成功を見て「若者の遊びは商売になる」と考えた企業家たちがジャブジャブ投資し、日本全国に、ゴルフ場、ヨット・ハーバー、オート・キャンプ場、人工波でサーフィンができるプールから、果ては全長490メートルの人工スキー場まで、あらゆる種類のレジャー・スポーツ施設が建設されます。

そして、それらの施設がちょうど完成した頃、バブル景気が崩壊しました。

それから後は底なしの不況です。不況の二十数年間で、日本のレジャー・スポーツ人口は右肩下がりに減りつづけ、スキー人口は1860万から330万に、テニスは138

0万から570万に、ゴルフは1440万人から550万人に減少。ウィンド・サーフィンやパラグライダーに至っては参加者が1万～2万人前後にまで縮小しています。

若者はほとんど外出しなくなり、日本は、20代の若者の1ヵ月の移動回数が70代のそれより少ない（それも通勤・通学を入れて！）という、凄まじい引きこもり大国になりました。いかに若者が金と希望を失くして家に引きこもるようになったか、そして、いかに家から一歩も出ずに楽しめるゲーム、ネット、通販が発達したか——近年のこの国の変化には、目を見張るものがあります。

その変化があまりに急だったため、日本人は、この国のレジャー・スポーツが、バブル期にインフラは整えられているわ、その後のデフレで料金は安くなっているわ、だのに、若者がまったくやらないのでフィールドはガラ空きだわ、今、再び始めない手はないと思えるくらい恵まれた状況にあることを、すっかり忘れてしまっています。そのことを再認識していただくために書かれたのがこの本、というわけです。

本書は、2013年暮れから、講談社の雑誌「おとなの週末」に16回にわたって連載されたコラム「たいくつな王様」をまとめたものです。レジャー・スポーツの世界は日進月歩なので、ほとんどの項目を取材し直し、書き直しました。

連載時には、「おとなの週末」の当時の編集長、金城良幸さん、担当の香山光さんにたいへん世話になりました。

取材に当たっては、雑誌「BravoSki」の小川尊さん、雑誌「SURFIN' LIFE」の内田準治さん、サーフショップ「マーボーロイヤル」の小室正則さん、「THE SURF CLASSIC」の塚本真佐樹さん、サーファーの北原整さん、倉田祐利さん、雑誌「DIVER」の坂部多美絵さん、ゴルフダイジェスト・オンラインの岩井忠さん、小俣光央さん、安田孝樹さん、ゴルフ・ライターの一寸木芳枝さん、雑誌「テニス・クラシック・ブレーク」の高木希武さん、コールマンジャパンの根本昌幸さん、石垣裕也さん、雑誌「Basser」の鈴木康友さん、天野三三雄さん、佐々木徹さん、雑誌「PARA WORLD」の小貝哲夫さん、雑誌「カヌーワールド」の植村浩志、ライターのホーボージュンさん、雑誌「BE-PAL」編集部の沢木拓也さん、カヌー・チーム「サラリーマン転覆隊」の本田亮さん、日本馬事普及の八木真佐雄さん、滝口世志臣さん、雑誌「ハイウィンド」の越川周治さん、雑誌「KAZI」の中島淳さん、雑誌「MTB only」の中村浩一郎さん、雑誌「スノー・スタイル」の池田昌弘さん、雑誌「FREE RUN」の今井秀武さんにお世話になりました。

さらに、単行本化にあたっては、講談社の原田隆さん、柿島一暢さん、今橋みちるさん、榎本明日香さん、デザイナーの黒田誠さんに、お世話になりました。

この場を借りて、みなさまに厚く厚く御礼申し上げます。

私たちホイチョイ・プロダクションズは、バブル景気のさなか、スキー、スキューバ・

ダイビング、サーフィンをテーマにした3本の映画を制作し、それぞれの関係者のみなさんに、ひとかたならぬお世話になりました。この本には、そのときにお世話になった方々への、御礼の気持ちもこめられています。

日本に、バブル期のようなレジャー・スポーツ・ブームが再び起こるとは、到底思えません。今の日本の若者は、下の世代から年金で支えて貰うことができず、自分の将来の収入に希望が持てないため、ひたすら外出を控え、金を使わず、貯蓄に励んでいます。そんな若者を、金のかかるスキーやテニスのフィールドに引っ張り出すなんて、酷な話です。本文で指摘した通り、錦織圭ブームが来ようが、平野歩夢が冬季五輪で大活躍しようが、若者のテニス人口やスノボ人口はピクリとも増えない、というのが実情です。ならば、かつてスキーやサーフィンを流行らせたわれわれが責任をとって、せめて自分の子供だけでも無理して引き込むしかありません。

ご同輩、思い出してください。太陽の下で時がたつのを忘れ、まぶたが痛いほどの白い雪の上を滑ったり、光るしぶきにテイクオフしたりした、あの頃のことを。あの輝く時間を、自分の子供たちにも体験させてあげようじゃありませんか。ボクらも、この冬は、しばらく離れていたゲレンデに戻るつもりです。

そう言えば、ラングの靴とロッシの板、どこにしまったかなぁ。

Written by Yasuo Baba
Illustration by Mayumi Takada
★★★★★
Design by
Makoto Kuroda (Right Stuff)

ホイチョイの リア充王 遊びの千夜一夜物語

二〇一八年九月一一日 第一刷発行

著者 ホイチョイ・プロダクションズ

発行者 渡瀬昌彦
発行所 株式会社講談社
東京都文京区音羽二丁目一二―二一
郵便番号 一一二―八〇〇一
電話 編集〇三―五三九五―三五二二
販売〇三―五三九五―四四一五
業務〇三―五三九五―三六一五

印刷所 慶昌堂印刷株式会社
製本所 株式会社国宝社

Printed in Japan
定価はカバーに表示してあります。
ISBN978-4-06-511939-6

紙面で御紹介した商品の価格はすべて税込み（2018年8月現在のもの）です。